Internationale
Berliner Wirtschaftsrechtsgespräche

Band 1

Ulrich Immenga/Natalie Lübben/
Hans-Peter Schwintowski (Hrsg.)

# Telekommunikation:
# Vom Monopol
# zum Wettbewerb

NOMOS Verlagsgesellschaft
Baden-Baden

Die Deutsche Bibliothek – CIP-Einheitsaufnahme

**Telekommunikation: Vom Monopol zum Wettbewerb** / Ulrich Immenga ... (Hrsg.). – 1. Aufl. – Baden-Baden : Nomos Verl.-Ges., 1998
(Internationale Berliner Wirtschaftsrechtsgespräche ; Bd. 1)
ISBN 3-7890-5350-3

1. Auflage 1998
© NOMOS Verlagsgesellschaft, Baden-Baden 1998. Printed in Germany. Alle Rechte, auch die des Nachdrucks von Auszügen, der photomechanischen Wiedergabe und der Übersetzung vorbehalten. Gedruckt auf alterungsbeständigem Papier.

This work is subject to copyright. All rights are reserved, whether the whole or part of the material is concerned, specifically those of translation, reprinting, re-use of illustrations, broadcasting, reproduction by photocopying machine or similar means, and storage in data banks. Under § 54 of the German Copyright Law where copies are made for other than private use a fee is payable to »Verwertungsgesellschaft Wort«, Munich.

# Vorwort

Das Institut für Deutsches und Europäisches Unternehmens-, Wirtschafts- und Arbeitsrecht der Humboldt-Universität zu Berlin veranstaltet einmal jährlich mit der internationalen Anwaltssozietät Wilmer, Cutler & Pickering, Berlin, Brüssel, London, Washington, Baltimore, ein *Internationales Berliner Wirtschaftsrechtsgespräch* mit dem Ziel, *Crossroads of international business and trade law* herzustellen.

Der vorliegende Band, mit dem die diese Veranstaltung begleitende und ergänzende Schriftenreihe begonnen wird, dokumentiert die Beiträge des 2. *Internationalen Berliner Wirtschaftsrechtsgespräches*, das am 30. Mai 1997 in der Humboldt-Universität zu Berlin durchgeführt wurde. Im Mittelpunkt stand die hochaktuelle Frage: *Telekommunikation: Vom Monopol zum Wettbewerb.* Hintergrund waren die umfangreichen Bemühungen der EG-Kommission zur Liberalisierung der Telekommunikationsmärkte in Europa sowie die Neuordnung des Telekommunikationsrechts in Deutschland. Entwickelt wurden im einleitenden Beitrag zunächst die Grundfragen für *Ordnung und Wettbewerb auf Telekommunikationsmärkten* (Schwintowski). Im zweiten Referat ging es um *Rechtsfragen des Zugangs zu Telekommunikationsmärkten* (Lübben) und im dritten aus amerikanischer Perspektive um *Interconnection und andere Kernprobleme der Liberalisierung der Telekommunikationsmärkte: die US-Erfahrungen* (Lake).

Unter der Leitung von Prof. Dr. Dr. h. c. Ulrich Immenga schloß sich eine kontroverse Podiumsdiskussion zum Generalthema an. Für die Deutsche Telekom diskutierte Martina Errens, für o.tel.o. nahm Karl-Michael Fuhr Stellung. Von der Europäischen Kommission (DG IV) war Marcel Haag vertreten und schließlich öffnete Anna Walker, Deputy Director General of Telecommunications (Oftel), die Augen vieler Praktiker und Wissenschaftler im Publikum, da die Briten schon vor längerer Zeit die Liberalisierung der Telekommunikationsmärkte bewältigt haben und über eine Reihe wertvoller Erfahrungen verfügen. Gerade weil dies für die Entwicklung in Deutschland so wichtig ist, werden die grundlegenden Statements der Panelisten ebenso abgedruckt, wie eine zusammenfassende Perspektive der Podiumsdiskussion.

Im zweiten Teil des Bandes wird eine vielfach zitierte, aber im Buchhandel bisher nicht erhältliche Studie von WCP, die zehn Forderungen für eine effiziente Regulierungsbehörde in Deutschland entwickelt, abgedruckt. Auf diese Weise soll der Weg, den die junge Regulierungsbehörde in Deutschland gerade erst beginnt, in seinen Ursprüngen und mit seinen

Grundkonflikten einer interessierten Öffentlichkeit zugängig gemacht werden.

Ziel der *Internationalen Berliner Wirtschaftsrechtsgespräche* ist es, ein Forum für grundlegende wirtschaftsrechtliche Fragestellungen unserer Zeit zu bieten. Dabei soll eine Brücke zwischen Wissenschaft und Praxis einerseits und zwischen Europa und Amerika andererseits geschlagen werden in der Hoffnung, daß Brücken dieser Art mit dazu beitragen, grundlegende Interessenkonflikte zwischen Wissenschaft und Praxis einerseits und den beteiligten Wirtschaftsblöcken andererseits zunächst sichtbar und schließlich auch überwindbar zu machen.

*Die Herausgeber*

# Inhaltsverzeichnis

Vorwort     5

TEIL I:
ZWEITES INTERNATIONALES BERLINER WIRTSCHAFTSRECHTSGESPRÄCH
CROSSRADS OF INTERNATIONAL BUSINESS AND TRADE LAW

*Prof. Dr. Hans-Peter Schwintowski,
Humboldt-Universität zu Berlin*
Ordnung und Wettbewerb auf Telekommunikationsmärkten     11

*Rechtsanwältin Dr. Natalie Lübben,
Wilmer, Cutler & Pickering (Berlin)*
Rechtsfragen des Zugangs zu Telekommunikationsmärkten     47

*Attorney-at-Law William T. Lake,
Wilmer, Cutler & Pickering (Washington D.C.)*
Interconnection and Other Key Issues for the Liberalization of
Telecommunications Markets: The US Experience     67

Podiumsdiskussion zum Generalthema unter Leitung
von Prof. Dr. Dr. h.c. Ulrich Immenga, Universität Göttingen     75

Eingangsstatements der Diskussionsteilnehmer
    *Anna Walker*, OFTEL, London     78
    *Karl-Michael Fuhr*, o.tel.o., Düsseldorf     81
    *Marina Errens*, Deutsche Telekom, Bonn     86
    *Marcel Haag*, Europäische Komission, Brüssel     89
Diskussion     94

TEIL II:
*Wilmer, Cutler & Pickering*

ZUKUNFTSMARKT TELEKOMMUNIKATION – VOM MONOPOL ZUM WETTBEWERB

WCP Weißbuch: Zehn Forderungen für eine effiziente Regulierungsbehörde in Deutschland

Das Weißbuch im Überblick | 109

Zehn Forderungen für eine effiziente Regulierungsbehörde | 110

A. Vom Monopol zum Wettbewerb: Herausforderung für die neue Regulierungsbehörde | 113

B. Kernprobleme und Lösungen für die künftige Regulierungspraxis | 116

C. Die rechtlichen Grundlagen | 137

D. Aktionsprogramm: Zehn Forderungen für eine effiziente Regulierungsbehörde | 158

Autoren und Mitarbeiter | 161

TEIL I

*Zweites Internationales Berliner Wirtschaftrechtsgespräch*

# Ordnung und Wettbewerb auf Telekommunikationsmärkten

*von Prof Dr. Hans-Peter Schwintowski, Humboldt-Universität zu Berlin*

## A. Das globale Dorf

Bei den Mayas, einem indianischen Kulturvolk mit selbständiger Sprache, das zwischen 1500 v. Chr. bis 1441 n. Chr. in wesentlichen Teilen des heutigen Mexiko siedelte, verließen wiederholt ganze Populationen ohne äußeren Grund urplötzlich ihre Städte, fielen unter Preisgabe der erreichten Herrschaftsorganisation in den umliegenden Gebieten auf die Entwicklungsstufe des Stammeslebens zurück, kehrten aber nach rund hundert Jahren zu ihren Städten und Göttern zurück[1]. Die Gründe für diese merkwürdigen, auch bei den Babyloniern und Sumerern in Ansätzen zu beobachtenden Selbstbestrafungsaktionen liegt nach der Deutung eines der innovativsten Psychologen unserer Zeit, Julian Jaynes, in der Unfähigkeit, das Informationsproblem bei zunehmender sozialer Komplexität zu lösen. Die Idee der Schrift und die mit ihr parallel entwickelte Idee des Rechts – um 2100 v. Chr. begann man in Ur damit, die Urteilssprüche, die die Götter durch den Mund ihrer Statthalter kundgaben, schriftlich festzuhalten – genügten offenbar nicht mehr, um bei steigender Bevölkerungszahl die daraus resultierende Informationskomplexität zu bewältigen und zu reduzieren[2]. Keine Frage, den präkolumbischen indianischen Hochkulturen fehlte das, was wir heute Telekommunikation[3], also Datenübermittlung über weite Strecken nennen, eine Technik, die aufgrund von Digitalisierung und weltweiten Datennetzen keine Grenzen mehr kennt. Es spricht einiges dafür, daß der Mensch im Informationszeitalter an der Schwelle zum dritten Jahrtausend

---

1 So endete beispielsweise die klassische Mayakultur des Tieflandes um 900 n.Chr. durch Verlassen der ältesten Mayastädte Tikal, Uaxactún, Copan, Pidras Negris, Palenque; Brockhaus Enzyklopädie Stichwort Maya.
2 *Julian Jaynes*, Der Ursprung des Bewußtseins durch den Zusammenbruch der bikameralen Psyche, 1988, 240 ff.; dort auch der Hinweis auf das akkadische Epos von »Atramhasis« (dem überaus Weisen) aus der babylonischen Zeit: »Das Volk wurde zahlreich ...; der Gott war betrübt über ihren Tumult ... der Lärm der Menschen ist zur Plage geworden; vertiefend *H. W. F. Saggs*, The Greatness That Was Babylon, New York: Mentor Books, 1962.
3 Der in den Wortwurzeln griechisch-lateinische Begriff (tele [gr.] = weit, fern) Kommunikation [lat.] = Mitteilung) wurde 1904 als Oberbegriff für die bis dahin getrennt behandelten Gebiete der Telegraphie und der Telephonie eingeführt. In Deutschland wurde der Begriff 1987 als Oberbegriff mit der Telekommunikations-Ordnung eingeführt.

ein den neuronalen Netzen unseres Gehirns näherungsweise analoges Nervengeflecht in Form von modernen Glasfaserkabeln zu installieren beginnt und damit Informations- und Komplexitätsreduktionen möglich werden, die der überschaubaren und kleinräumigen Welt der Antike zumindest strukturell ähneln[4]. Telekommunikation macht aus einer überbevölkerten Welt, wenn nicht alles täuscht, ein *globales Dorf*[5].

## B. Vernetzung und Organisation

### I. Neuronale Netze und Telekommunikation

Menschliche Gehirne bestehen aus hochkomplex geschichteten neuronalen Netzen, wobei von jedem Neuron einer Schicht divergierende Verbindungen zu Neuronen der folgenden Schicht verlaufen, so daß jedes Neuron mit mehreren Neuronen der darüberliegenden Schicht verbunden ist. Unter den Verbindungen kommen in der Regel verstärkende und hemmende vor. Auf dem Zusammenwirken von Divergenz und Konvergenz sowie Verstärkung und Hemmung beruht die Fähigkeit der Nervennetze, komplexe Strukturen und Zusammenhänge schnell zu erkennen und wesentliche Merkmale zu erlernen[6]. Nach dem bisherigen Stand der Technik wissen wir nicht, ob es möglich sein wird, die Fähigkeiten des Gehirns durch künstlich geschaffene Telekommunikationsnetze auch nur annähernd zu erreichen. Immerhin belegen die ersten Forschungsergebnisse derer, die sich wie Valentin Braitenberg[7] oder Marvin Minsky[8] intensiv mit künstlicher Intelligenz beschäftigen, daß die Grundhypothese, wonach hochkomplexe intelligente Vernetzung Informationsprobleme löst und Lernleistungen steigert, offenbar richtig ist und deshalb vieles dafür spricht, Techniken und Rechtsstrukturen im Bereich der Telekommunikation am Modell neuronaler Netzwerke zu entwickeln. Trotz der rasanten Fortschritte etwa im Bereich der Glasfaserkabeltechnik oder der Satellitenkommunikation sollte nichts darüber hinwegtäuschen, daß wir uns noch nicht einmal in der Nähe der genetischen Leistungsfähigkeit der gemeinen Taufliege (drosophila melanogaster) befinden, denn diese ist, wenngleich in einem schmalen Verhaltenssegment,

---

4 Vertiefend *Wolf Singer*, Bewußtsein, etwas »Neues, bis dahin Unerhörtes«, Vortragsmanuskript, passim.
5 Der Spiegel, 19/1997, S. 182 ff.
6 *Hans J. Markowitsch*, Neuropsychologie des menschlichen Gedächtnisses, Spektrum der Wissenschaft, 9/1996, S. 52, 59 ff.; *Wolf Singer*, Hirnentwicklung und Umwelt, Spektrum der Wissenschaft, Sonderband: Gehirn und Kognition, 1990, S. 50 ff.
7 Künstliche Wesen, Verhalten kybernetischer Vehikel, Vieweg-Verlag, 1986.
8 Mentopolis, Klett-Cotta, 1986.

immerhin lernfähig[9]. Aber vielleicht befinden wir uns mitten in einer Art *kambrischen Explosion*, jener Zeit vor etwa 530 Mio. Jahren, in der sich erstmals und explosionsartig vielzellige Tiere mit harten Teilen entwickelten, ohne daß es im Vorfeld eine auf diese Entwicklung hinführende Linie gäbe. Die daraus abgeleitete These von Stephen Jay Gould[10], der die präkambrischen Fossilfunde in Burgess Shale entdeckte, dokumentierte und interpretierte, läßt auch für die Entwicklung der Telekommunikation hoffen. Es scheint so, als würde die Evolution nicht (nur) in Phasen langdauernder kontinuierlicher Entwicklung, sondern vor allem in *Sprüngen* verlaufen und vielleicht befinden wir uns zur Zeit in der Telekommunikation in einem solchen großen Sprung nach vorn. Wenn dem so ist, so sollten wir eines der wichtigsten Ergebnisse moderner Gehirnforschung für die zukünftige Ordnung auf Telekommunikationsmärkten unbedingt zur Kenntnis nehmen. Vor allem Wolf Singer, einer der renommiertesten Hirnforscher Deutschlands[11], hat gezeigt, daß eine Grundannahme über Organisationsprinzipien unseres Gehirns falsch ist. Unserer Intuition folgend neigen wir, so Singer, zu der Annahme, daß es im Gehirn ein Zentrum geben müsse, in dem die Signale der verschiedenen Sinnesorgane konvergieren, mit gespeicherten Inhalten verglichen und nach erfolgter Deutung in Handlungsentwürfe umgesetzt werden[12]. Naturgemäß wäre dieses Konvergenzzentrum auch der Ort, wo Entscheidungen gefällt werden und das Bewußtsein residiert. Die Ergebnisse neurobiologischer Nachforschungen haben nun gezeigt, daß die plausible Annahme eines solchen Konvergenzzentrums, eines carthesianischen Theaters in einem singulären Zuschauer, in dramatischer Weise falsch ist. Dies läßt sich besonders gut am Beispiel der Verarbeitung visueller Informationen zeigen. Im Gehirn von Primaten befassen sich mehr als dreißig verschiedene Areale der Großhirnrinde mit der Verarbeitung visueller Informationen. Beim Auftauchen eines Gegenstandes im Gesichtsfeld werden alle diese Areale nahezu gleichzeitig aktiviert, treten miteinander in Wechselwirkung, tauschen ihre Verarbeitungsergebnisse aus und senden die Resultate ihrer Ermittlungen in ebenso verteilter Weise an eine Vielzahl weiterer Hirnareale, die sich mit der Analyse von Signalen anderer Sinnesmodalitäten oder mit der Vorbereitung motorischer Aktionen befassen. Das intuitiv vermutete Konvergenzzentrum, in dem die Ergebnisse dieser vielfältigen, parallel ablaufenden Analyseprozesse zusammengefaßt und interpretiert werden könnten, *existiert nicht*[13]. So gesehen spricht vieles dafür,

---

9 *Ralph J. Greenspan*, Gene, Gehirn und Verhalten bei der Taufliege, Spektrum der Wissenschaft, 6/1995, S. 42 ff.
10 Zufall Mensch, Das Wunder des Lebens als Spiel der Natur, Hanser-Verlag, 1991, S. 53 ff.
11 Direktor des Max-Planck-Instituts für Hirnforschung in Frankfurt/Main.
12 Bewußtsein, etwas »Neues bis dahin Unerhörtes«, Vortragsmanuskript S. 19 ff.
13 *Wolf Singer*, aaO, S. 20.

daß die Auflösung von Monopolen auf Telekommunikationsmärkten nicht nur Ausdruck einer von marktwirtschaftlichem Denken geprägten Zeit und Modeströmung sind, sondern viel tiefer liegend an längst erprobte höchst effektive und effiziente Organisationsmuster für neuronale Netze anknüpfen. Dies ist zugleich ein Grund darüber nachzudenken, ob es wirklich richtig war und ist, eine neue *Regulierungsbehörde* als Entscheidungszentrale, noch dazu auf Dauer, in der Telekommunikationsrechtsordnung zu etablieren.

## II. Die Entwicklung der Telekommunikationstechnik

Dabei ist es vielleicht bezeichnend, daß am Anfang der technischen Entwicklung der Telekommunikation kein Monopol stand. Die ersten Netze zum Informationsaustausch entstanden während der französischen Revolution vor etwa 200 Jahren. Es handelte sich um *optische Telegraphen*, die über Flügelsignalstationen Lichtsignale in wenigen Minuten hunderte von Kilometern weit übermittelten. Erfunden wurden diese Systeme von dem französischen Abbé Claude Chappe (1763-1805) und dem Schweden Abraham Niclas Edelcrantz (1754-1821). Am 02.03.1791 führte Chappe sein erstes System öffentlich vor. Am 01.04.1793 erklärte sich der Konvent der französischen Nationalversammlung bereit, ein Experiment mit dem neuen Telegraphen (Fernschreiber) zu finanzieren. Das Experiment überzeugte, vor allem unter militärischen Aspekten, und noch im Sommer 1793 wurden die ersten 15 Telegraphenstationen zwischen Paris und Lille errichtet. Zwölf Jahre später, im Jahre 1805, hatte Napoleon dafür gesorgt, daß das System nahezu alle Regionen Frankreichs überdeckte. Im April 1809 schrieb das neue Nachrichtensystem durch seine Lichtgeschwindigkeit Geschichte. Das absolutistische Österreich unter Kaiser Franz II hatte Frankreich unter Napoleon den Krieg erklärt. Die Österreicher wußten, daß die französischen Truppenverbände räumlich weit voneinander verstreut lagen und daß sich Napoleon selbst in Paris befand. Selbst Schnellreiter brauchten damals mindestens eine Woche, bis Napoleon vom österreichischen Aufmarsch überhaupt erfahren konnte. Noch mehr Zeit mußte verstreichen, bis der Feldherr seine verstreut liegenden Truppenteile mobilisieren und zu einer Armee einen konnte. So glaubten die Österreicher einen Vorsprung von knapp vier Wochen zu haben. Die Rechnung des österreichischen Generalstabs ging jedoch nicht auf. Man hatte die neue Nachrichtentechnik, die Telegraphie, einfach übersehen. Tatsächlich erfuhr Napoleon bereits am 12.04.1809, also drei Tage nach Beginn des Vorstoßes der Österreicher, von ihrem Aufmarsch und begann nun seinerseits mit Hilfe der optischen Telegraphie die Mobilisierung und Koordination seiner Truppen. Schon am 16.04.1809 traf Napoleon in Ludwigsburg ein, genau an jenem Tag, an welchem die Österreicher bei Landshut den Isarübergang genommen und München besetzt hatten. Für König Max Joseph I von Bayern und Erzherzog Carl grenzte die Anwesenheit Napoleons an ein Wunder und Österreich verlor. Napoleon behielt noch für weitere fünf Jahre die Oberhand in Mitteleuropa, auch und vor allem aufgrund des Einsatzes einer neuen, überlegenen Technik. Das Wunder beruhte schlicht auf optischer Zeichenübertragung mittels Semaphoren und einer bestimmten Anzahl von Telegraphenstationen, die nach dem Dominostein-Effekt Informationen übermittelten. Hardware anno 1809[14].

Der nächste Meilenstein in der Geschichte der Telekommunikation ließ noch gut 70 Jahre auf sich warten. Im Jahre 1861 gelang es Philipp Reis zum erstenmal, die menschliche Sprache elektrisch zu übertragen. Darauf beruhte die Erfindung des Telephons durch G. Bell (1876) und des Kohlemikrofons durch Th. A. Edison (1877) und D. E. Hughes (1878). Für ihre Entwicklungen war es von größtem Nutzen, daß in Europa und den USA bereits seit Jahrzehnten ein Netz von Telegraphenleitungen bestand, auf das sich die neue Technik stützen konnte. Bald hatte das Telefon die Telegraphie sowohl in der Zahl der Nachrichten als auch in der Länge des Leitungsnetzes überflügelt. 1898 erfand A. B. Strowger ein auf dekadischer Grundlage beruhendes System zur automatischen Herstellung einer gewünschten Verbindung durch den Teilnehmer selbst mit Hilfe von Wählern, das im Prinzip noch heute verwendet wird.

Die heutige Telekommunikationsentwicklung ist durch eine Vielzahl von Innovationen bei wichtigen Ausgangstechnologien der Mikroelektronik, der Glasfasertechnologie und der Kommunikationssoftware gekennzeichnet. Die Monopolkommission hat im Jahre 1991 zu Recht darauf hingewiesen, daß die Dynamik der technischen Entwicklung zugleich mit dem Ordnungsrahmen im Fernmeldewesen korrespondiert[15]. Zum einen sind Phantasie und Motivation und damit der Anreiz zur Flexibilität und Innovation Ergebnis von Wettbewerb. Zum anderen sind es in der Telekommunikation gerade neue Techniken, die in den vermeintlich »natürlichen Monopolbereichen« Wettbewerb ermöglichen. Die wichtigsten Entwicklungslinien sind mit den Stichworten digitale Kommunikation, Mobilfunk, Satellitenkommunikation und Intelligente Netze gekennzeichnet[16]. Das leistungsfähigste Seekabel der Welt, es beginnt in England und endet 18.000-20.000 km weiter in Japan, geht im September 1997 in Betrieb[17]. Das Kabel trägt den Namen Flag (fiberoptic link around the globe). In ihm stecken keine kupfernen Koaxialdrähte mehr wie in den bisherigen Leitungen zwischen

---

14 Vertiefend *Frank Haase*, Die Revolution der Telekommunikation, 1996, S. 31 ff.
15 Monopolkommission Sondergutachten 20, Zur Neuordnung der Telekommunikation, 1991, 43 ff.
16 Vertiefend Monopolkommission aaO, S. 43-50.
17 Der Spiegel 19/1997, 184 ff.

Europa und Asien, sondern zwei Paare von Glasfasern, jede kaum dicker als ein menschliches Haar. Damit können pro Sekunde Daten im Umfang von 8 Gigabite übermittelt werden. Das entspricht 125.000 gleichzeitig geführten Telefonaten in ISDN-Qualität – viel mehr, als moderne Satelliten schaffen und mehr als das Hundertfache dessen, was bis vor einigen Jahren mit Kupferkabeln möglich war. Die größte Hürde für funktionsfähige Telekommunikationsmärkte besteht derzeit in den letzten 100 Metern, der letzten Meile, also dem Kabelanschluß für den einzelnen PC- oder Telefonbesitzer. Ein Glasfaserstrang unter dem Ozean nützt wenig, wenn der Datenstrom kurz vor dem Ziel zu einem Gerinnsel verebbt. Die Kontrolle des *Local Loop* bildet also den kritischen Engpaß (bottleneck), der darüber entscheidet, ob neue Wettbewerber zum Kunden kommen und damit darüber, ob sie eine Chance erhalten, sich am Markt zu etablieren. Die Erfahrungen in England, Finnland und den USA zeigen, daß Kontrolle über den direkten Zugang zum Kunden in der Regel Kontrolle über den Rest des Marktes bedeutet[18]. In Deutschland wird die letzte Meile, der direkte Anschluß zum Kunden, auf absehbare Zeit im wesentlichen von der Deutschen Telekom kontrolliert bleiben. Die Kosten für den Aufbau weiterer Ortsnetze sind zu hoch und – zum Beispiel – drahtlose – technische Alternativen werden erst entwickelt. Ob, wie manche prognostizieren, das Internet zum ernstzunehmenden Wettbewerber in der Telefonie werden wird, ist im Augenblick jedenfalls noch eine offene Frage[19]. Damit ist bereits der Zusammenhang zwischen Technik und Ordnung auf den Märkten angesprochen, ein Zusammenhang der, wie die Monopolkommission zu Recht betont hat, interdependent wirkt.

*III. Der rechtliche Ordnungsrahmen der Telekommunikationsmärkte*

Während in der Einführungszeit des Telegraphen und des Fernsprechnetzes im 19. Jh. in den einzelnen Ländern noch unterschiedliche Organisationsformen entstanden, kam es zu Beginn des 20. Jh. fast weltweit (wichtigste Ausnahme USA) zu einem einheitlichen institutionellen Rahmen, der dann bis in die 80er Jahre weitgehend unverändert blieb. Telegraphie und Telefonie wurden in einem staatlichen Monopol betrieben, das zumeist den schon mit dem Monopol für die Briefbeförderung ausgestatteten Postverwaltungen übertragen wurde. So entstand ein einheitliches Post- und Fernmeldewesen, für das international die unter anderem in der Schweiz

---

18 *Wilmer, Cutler & Pickering*, Zukunftsmarkt Telekommunikation: Vom Monopol zum Wettbewerb, WCP Weißbuch 11/1996, 9; Brigitte Haar, Marktöffnung in der Telekommunikation, 1995, 34 ff.; *Markus Voeth*, Entmonopolisierung von Märkten – das Beispiel Telekommunikation, 1996, passim.
19 Der Spiegel, 18/1997, 116.

gewählte Bezeichnung Post-, Telefon- und Telegraphenbetriebe (PTT) gebräuchlich ist. Die jetzt in der Bundesrepublik Deutschland anstehende Reform des Regulierungsrahmens für die Telekommunikation hat in einer ganzen Reihe von anderen Industriestaaten ihre Vorläufer. Vor allem die Vereinigten Staaten, das Vereinigte Königreich und Japan haben bereits Erfahrungen mit wettbewerblich organisierten Telekommunikationsmärkten sammeln können.

## 1. Die verschiedenen Liberalisierungsmodelle

In diesen Ländern hat man in der ersten Hälfte der 80er Jahre die bis dahin bestehenden Monopole für Telefondienste und für den Bau und Betrieb von Übertragungswegen abgeschafft. Anfang der 90er Jahre sind die Telekommunikationsmärkte in Australien und Neuseeland liberalisiert worden, ebenso wie diejenigen in Kanada (Ende 1992), Schweden (Mitte 1993) und Finnland (stufenweise von 1992-1994).

Kommerzielle Fernmeldedienste werden in den *USA* seit 1877 erbracht[20]. Privater aber einzige Anbieter war die American Telephone & Telegraph Company (AT & T). AT & T wurde allerdings sowohl über die Internationale Telekommunikations-Union[21] als auch staatlich umfassend reguliert[22]. Die Liberalisierung begann 1956 mit der Hush-A-Phone-Entscheidung, mit der AT & T gezwungen wurde, den Anschluß eines Nebengeräusche dämpfenden Zusatzgeräts am Telefonhörer durch fremde Wettbewerber zuzulassen[23]. Bereits 1959 wurde es in der Above-890-Entscheidung Großkunden von AT & T erlaubt, Mikrowellennetze für unternehmensinterne Zwecke zu errichten[24]. 1968 wird mit der Carter-Phone-Entscheidung das Endgerätemonopol aufgelöst[25]. Bereits 1969 erlaubte die FCC der Microwave Communications Inc. (MCI) den Aufbau eines Richtfunk-Übertragungsnetzes zwischen St. Louis und Chicago, so daß sich infolge hiervon im Fernbereich Alternativen neben AT & T bilden konnten. Weil sich Sprach- und Datendienste mit fortschreitendem technischen Fortschritt immer weniger unterscheiden ließen und die Anbieter von Datendiensten auch Sprachtelefondienste anboten, wurde nach einer Reihe von

---

20 Historischer Überblick bei *Brigitte Haar*, Marktöffnung in der Telekommunikation 1995, 29 ff.
21 Sie wurde im Jahre 1865 als internationale Telegraphenunion in Paris gegründet, dazu *Andreas Tegge*, Die internationale Telekommunikationsunion, 1994, 27 ff.
22 *Brigitte Haar*, aaO, S. 31 ff.
23 Hush-A-Phone-Corp. v. United States, 238 F. 2d 266, 269 (D.C.Cir. 1956).
24 Reallocation of Frequencies in the Bands Above 890 Mc., 27 FCC 359, 412 (1959), aff'd on reh'g, 29 FCC 825 (1960).
25 Re-Use of the Carterphone Device in Message Toll Telephone Service, 13 FCC 2d 420, 423 (1968); vertiefend *Brigitte Haar*, aaO, S. 46 ff.

Prozessen ab Ende der 70er Jahre schließlich auch im Sprachtelefondienst explizit Wettbewerb zugelassen[26]. Bereits am 20.11.1974 erhob die US-amerikanische Regierung gegen den gesamten Bell-Konzern Klage[27]. Im Zentrum der Klage stand der Vorwurf der rechtswidrigen Monopolisierung bei der Fernübertragung und der Endgeräteherstellung. Ziel des Verfahrens war eine Entflechtung des Bell-Konzerns. Eine Verhandlung fand erst 1981 statt. Der zuständige Richter Green deutete an, daß er dem Antrag von Bell Companies auf Klageabweisung nicht stattgeben würde. Als Folge hiervon kamen die Parteien (1982) überein, das Verfahren durch einen Vergleich abzuschließen. AT & T wurde entflochten und behielt den Fernmeldeverkehrsbereich, während seine 22 regionalen Tochtergesellschaften, die Bell Operating Companies (BOCs), aus dem Konzern herausgelöst und durch Zuteilung geographischer Betätigungsgebiete verselbständigt wurden. Sie wurden u.a. vom Markt für Fernmeldeverkehrsleistungen ausgeschlossen und verpflichtet, allen Anbietern einen diskriminierungsfreien Zugang (equal access) zu ihren Orts- bzw. Nahbereichsnetzen (LATAs) zu gewähren[28]. Die Preis- und Verhaltensregulierung wurde grundsätzlich beibehalten. Im Interstate-Verkehr wurde AT & T von der FCC als dominierender Anbieter reguliert, die BOCs dagegen nicht. Die Orts- und Nahbereichsnetze der BOCs galten weiterhin als natürliches Monopol und wurden reguliert, wobei seit 1989 nicht mehr die »rate of return«-Methode, sondern die *Price-Cap-Methode* angewandt wird[29].

Am 01.02.1996 hat das US-Parlament ein neues Telekommunikationsgesetz erlassen, von dem erneut Umwälzungen im amerikanischen Fernseh-, Radio-, Kabel- und Telefongeschäft erwartet werden[30]. Das Gesetz ist am 08.02.1996 mit der Unterzeichnung durch Präsident Clinton in Kraft getreten. Wichtig ist die Auflösung der Monopolstellung der lokalen Telefongesellschaften, der Baby Bells, jener Gesellschaften, die im Zuge der kartellrechtlichen Entflechtung von 1981 von AT & & abgespalten worden waren. Im Gegenzug wird ihnen nun die Erbringung von Fernmeldedienstleistun-

---

26 Vgl. den Entscheidungsüberblick bei *Markus Voeth*, Entmonopolisierung von Märkten – das Beispiel Telekommunikation, 1996, 66.
27 Historischer Abriß *Brigitte Haar*, aaO, S. 155 ff. m.w.N.
28 *Brigitte Haar*, aaO, S. 169 ff.; *Klodt/Laaser/Lorz/Maurer*, Wettbewerb und Regulierung in der Telekommunikation, 1995, 139.
29 *Klodt/Laaser/Lorz/Maurer*, aaO, S. 104. Die »Price-Cap«-Methode besteht aus vier wesentlichen Elementen: (1) die Regulierungsbehörde setzt eine Obergrenze für die Preise fest; (2) die Preisgrenze wird periodisch um einen vorher festgelegten Betrag x verringert. Der Faktor x entspricht dabei der erwarteten realen Stückkostenentwicklung im betreffenden Sektor, korrigiert um die allgemeine Preissteigerung; (3) falls das Unternehmen auf mehreren Märkten Monopolmacht besitzt, so wird die Obergrenze für einen *Korb* seiner Güter festgelegt; (4) in längeren Intervallen von mehreren Jahren wird der zugrundeliegende Warenkorb, der Anfangspreis und der Preissenkungsfaktor x, revidiert und neu festgelegt.
30 Telecommunications Act of 1996, Pub. L. No. 104-104, 110 Stat. 56. »Act of 1996«.

gen gestattet. Weitere Beschränkungen wurden bei der Endgeräteherstellung, beim Kabelfernsehen und bei Radio und Rundfunk aufgehoben[31]. Von weitreichender Bedeutung ist es, daß die FCC nun die Möglichkeit hat, einzelstaatliche Vorschriften außer Kraft zu setzen[32]. Materiell müssen alle Telekommunikationsunternehmen den wechselseitigen Anschluß ermöglichen und die jeweiligen technischen Normen, die diesen Anschluß garantieren sollen, einhalten[33]. Alle örtlichen Telefongesellschaften und die Baby Bells (All Local Exchange Carriers) sind verpflichtet, den Weiterverkauf ihrer Leistungen zu ermöglichen[34], die Mitnahme von Telefonnummern bei Wechsel der Gesellschaft zu ermöglichen[35]. Die Incumbents – im wesentlichen die Baby Bells – haben Anschluß an ihr Netz an jedem Punkt zu gewähren, an dem dies technisch möglich ist und zwar in der Qualität, wie sie eigenen oder bereits angeschlossenen Unternehmen gewährt wird[36]. Ferner ist eine Entbündelung der Dienste und Einrichtungen vorzunehmen[37].

Im *Vereinigten Königreich* wurde 1981 zunächst der Telekommunikationsbereich aus der Post herausgelöst und als British Telecommunications (BT) verselbständigt[38]. Zugleich wurde das Endegerätemonopol teilweise aufgehoben und private Anbieter von Mehrwertdiensten zugelassen. Ende 1982 wurde dem privaten Mercury-Konsortium, einem ersten Wettbewerber von BT, eine umfassende Lizenz für den Aufbau eines alternativen landesweiten Telekommunikationsnetzes erteilt. Ergänzend wurde im Jahre 1984 die unabhängige Regulierungsbehörde OFTEL geschaffen und BT wurde einer asymetrischen Regulierung unterworfen. Die Preise von BT, nicht aber die von Mercury, wurden mittels der Price-Cap-Methode reguliert. BT wurde zur flächendeckenden Versorgung mit Telekommunikationsleistungen verpflichtet. Anfang der 90er Jahre[39] wurde die Duopol-Politik (BT/Mercury) aufgegeben, mit der Folge weitreichender Liberalisie-

---

31 *Johannes Kreile*, Das neue amerikanische Telekommunikationsrecht, ZUM 1996, 227 f.; *Roland Gewessler*, Das neue US-Telekommunikationsgesetz, CR 1996, 626 ff.; *Benedikt Wemmer*, Das elektronische Medienrecht der USA unter besonderer Berücksichtigung des Telecommunications Act von 1996, AfP 1996, 241.
32 Act of 1996, § 253 (d).
33 Act of 1996, § 251 (a).
34 Act of 1996, § 251 (b) (1).
35 Act of 1996, § 251 (b) (2).
36 Act of 1996, § 251 (c) (2); vertiefend FCC Interconnection Order vom 08.08.1996 sowie die am 16.05.1997 erlassene (tausend!) Seiten starke FCC Order zu Access Charges.
37 Act of 1996, § 251 (c) (3).
38 Grundlegend *Matthias Bock*, Die Regulierung der britischen Telekommunikationsmärkte, 1995, S. 21 ff.; *Peter M. Rütter*, Interconnection Agreements in Großbritannien, AfP 1993, 362.
39 *Matthias Bock*, aaO, S. 84 ff., beginnend mit einem White Paper des Industrieministers aus dem Jahr 1991.

rung der Märkte, insbesondere der Ausgabe neuer Netzlizenzen, dem Recht zum Betreiben von Sprachtelefondienst für Kabelnetzbetreiber und die Freigabe des Weiterverkaufs von Mietleitungskapazitäten im internationalen Verkehr mit ausgewählten Ländern[40].

Sehr ähnlich verlief die Deregulierung der Telekommunikation in *Japan* (1984), in *Australien* (zwei Stufen 1989 und 1991), in *Neuseeland* (mehrstufig: 1987/1988/1990), während die Entwicklung in *Kanada*, ähnlich wie in den USA, durch eine Reihe von Entscheidungen der Regulierungsbehörde CRTC zustande kam[41]. *Schweden* hat im Hinblick auf den Beitritt zur Europäischen Union Anfang der 90er Jahre die Trennung hoheitlicher und unternehmerischer Aufgaben eingeleitet, und zwar 1990 für die Endgerätezulassung und 1992 für die Frequenzverwaltung. Zum 01.07.1993 trat dann erstmals ein Telekommunikationsgesetz in Kraft, das die Bedingungen für die Lizenzierung, den offenen Marktzugang und das Verhältnis verschiedener Betreiber zueinander bei der Zusammenschaltung ihrer Netze formuliert. Zugleich wurden die Kompetenzen der Regulierungsbehörde festgelegt. Gegenüber Swedish Telecom (seit 1993 Telia AG) gibt es Universaldienstauflagen und eine Price-Cap-Regulierung. In *Finnland* wurden 1992 die Weichen für eine nahezu völlige Liberalisierung der bis dahin monopolisierten Telekommunikationsmärkte gestellt. Während bereits 1990 der Betrieb von Datennetzen und Mobilfunk und 1991 der Betrieb von lokalen Radiotelefonanlagen dem Wettbewerb geöffnet worden waren, wurde 1992 die Lizenzpflicht für Datendienste abgeschafft. Gleichzeitig wurden mit Wirkung ab 1994 die nationalen und internationalen Telefonmärkte vollständig dem Wettbewerb geöffnet. Ab 01.01.1994 ist Telecom Finland (TF) formal privatisiert. Am 01.01.1996 wurde die Tarifpflicht in der Telekommunikation aufgehoben.

Diese Andeutungen zeigen, daß die wettbewerbliche Öffnung der Telekommunikationsmärkte in den letzten zehn Jahren stürmisch vorangeschritten ist. Die Entwicklung beruht einerseits auf den gewaltigen Entwicklungen der Telekommunikationstechnik und andererseits auf der Erkenntnis, daß die den alten Techniken immanenten rechtlichen Ordnungsstrukturen für die neuen Entwicklungen nicht mehr passen, sondern durch dynamische, wettbewerblich orientierte ersetzt werden müssen. Dieser Erkenntniswandel beruht zu einem bedeutsamen Teil auf Bemühungen der Europäischen Gemeinschaft.

---

40 *Matthias Bock*, aaO, S. 88 f.
41 Vergleiche den zusammenfassenden Überblick bei *Klodt/Laaser/Lorz/Maurer*, aaO, S. 141 ff.

wird es erschwert, den Netzzugang zu behindern. Die ONP-Richtlinie wurde durch die am 24. Juni 1991 verkündete Telekommunikationsverordnung (TKV) in nationales Recht umgesetzt (§ 9 TKV).

Am 13.10.1994 hat die Kommission die Satellitenkommunikation in den Geltungsbereich der Diensterichtlinie einbezogen[48]. Die Kabelfernsehnetze sind durch die Richtlinie 95/51/EG der Kommission[49] und Mobilkommunikation sowie Personal Communications durch die Richtlinie 96/2/EG in den Geltungsbereich der Diensterichtlinie einbezogen worden.

Nach Abschluß der von der Kommission im Jahre 1992 durchgeführten öffentlichen Anhörung über die Lage im Bereich der Telekommunikation (Prüfung 1992), verlangte der Rat in seiner Entschließung vom 22. Juli 1993[50] einstimmig die Liberalisierung aller öffentlichen *Sprachtelefondienste* zum 1. Januar 1998, vorbehaltlich ergänzender Übergangsfristen von bis zu fünf Jahren, um es Mitgliedstaaten mit weniger entwickelten Netzen, d.h. Spanien, Irland, Griechenland und Portugal, zu ermöglichen, die erforderlichen Strukturanpassungen, insbesondere bei den Tarifen, vorzunehmen. Der Rat erkannte ferner am 22.12.1994 einstimmig an[51], daß die Bereitstellung von Telekommunikationinfrastruktur bis zum 01.01.1998, vorbehaltlich derselben Übergangsfristen, zu liberalisieren ist. Darüber hinaus legte er in seiner Entschließung vom 18.09.1995 die Grundzüge eines künftigen Regulierungsrahmens fest[52]. Hieran anknüpfend hat die Kommission am 13.03.1996 die Richtlinie 96/19/EG vorgelegt[53]. In den Erwägungsgründen (1-30) wird das gesamte europäische Konzept zur Liberalisierung von Telekommunikationsmärkten im Zusammenhang entwickelt. Ersichtlich geht es der Kommission darum, den Mitgliedstaaten einen präzisen, transparenten und handhabbaren Handlungsrahmen vorzugeben. Im Erwägungsgrund Nr. 5 stellt die Kommission im Einklang mit dem Rat klar, daß das Monopol im Bereich Telefonie, mit Ausnahme von Spanien, Irland, Griechenland, Portugal und Luxemburg, am 01.01.1998 definitiv endet. Hieran anschließend entwickelt sie den europäischen Ordnungsrahmen für Telekommunikationsnetze und -dienste der Zukunft[54]. Sie läßt sich grundlegend von der Annahme leiten, daß die Wettbewerbsregeln (insbesondere Art. 90 und Art. 86 EGV) sowie die Dienstleistungsfreiheit (Art. 59 EGV) die normativen Ordnungsrahmen für Telekommunikations-

---

48 Richtlinie 94/46/EG vom 13. Oktober 1994; ABl. Nr. L 268 vom 19. Oktober 1994, S. 15.
49 ABl. Nr. L 256 vom 26. Oktober 1995, S. 49.
50 ABl. Nr. C 213 vom 06.08.1993, S. 1.
51 ABl. Nr. C 379 vom 31.12.1994, S. 4.
52 ABl. Nr. C 258 vom 03.10.1995, S. 1.
53 ABl. Nr. L 74 vom 22.03.1996, S. 13.
54 *Karel Van Miert*, Preparing for 1998 and Beyond, IIC Telecommunications Forum am 15.07.1996, Internet-Dokument, http://europa.eu.int/en/comm/dg04/speech/six/htm/sp96037.htm.

märkte vorgeben. Ergänzend ist auf das 1993 durch den Maastrichtvertrag eingeführte, Art. 3g EGV ausfüllende, *Binnenmarktgebot* (Art. 3a EGV) sowie auf das Subsidiaritätsprinzip (Art. 3b) EGV zu verweisen. Beide Normen stehen im Kontext mit Art. 5 Abs. 2 EGV, der den Gedanken des effet utile, d.h. der effektiven Verwirklichung der Vertragsziele auch gegen den Willen der Mitgliedstaaten, durchsetzt.

Auf der Grundlage dieses Ordnungsrahmens sind einerseits die gemeinschaftsrechtlichen Vorgaben selbst zu messen und andererseits zu fragen, inwieweit die Umsetzung im deutschen Recht ihnen entspricht. Dafür sind zunächst die Entwicklungslinien des modernen deutschen Telekommunikationsrechts darzustellen, später sind die neuralgischen Kernpunkte auf ihre rechtliche und ökonomische Stimmigkeit zu untersuchen.

*3. Die Entwicklung des deutschen Telekommunikationsrechts*

Die neuere Entwicklung des deutschen Telekommunikationsrechts setzte im Jahr 1989 mit der Postreform I ein. Mit ihr wurde in einem ersten Schritt das staatliche Monopol für den Endgerätemarkt aufgehoben; außerdem wurde der Mobilfunkmarkt für den Wettbewerb geöffnet[55]. Mit der Postreform II im Jahre 1994 verpflichtete sich der Gesetzgeber (Art. 143b GG), den deutschen Telekommunikationsmarkt zu liberalisieren. Er befristete deshalb das Fernmeldeanlagengesetz zum 31.12.1997. Die endgültige Liberalisierung der deutschen Telekommunikationsmärkte stellt Art. 87 f. GG zum 01.01.1998 sicher. Dabei sind wesentliche Teile des Art. 87 f. GG ausfüllenden Telekommunikationsgesetzes (TKG) bereits am 01.08.1996 in Kraft getreten. Das TKG und die auf ihm beruhenden Rechtsverordnungen bilden in Zukunft den rechtlichen Rahmen für die Telekommunikation[56]. Hinzutreten werden die Bundesgesetze über die inhaltsbezogene Regulierung von Multi-Media-Angeboten und der in Länderkompetenz gestaltete »Staatsvertrag über Mediendienste«. Die im TKG vorgesehenen Regulierungsinstrumente betreffen im Kern folgende Ebenen:

- Anordnung einer *Lizenzpflicht*, d.h. eines staatlichen Erlaubnisvorbehalts für das Anbieten von Telekommunikationsdienstleistungen,
- Verpflichtungen zu *Universaldiensten*,
- Genehmigungen von *Entgelten*,
- Anordnungen über offene *Netzzugänge*,
- *Zusammenschaltungspflichten*

---

55 Zu den daraus resultierenden Wettbewerbsszenarien *Werner A. Knetsch*, Wettbewerbsszenarien für den deutschen Telekommunikationsmarkt, CR, 1996, 568.

Daneben stellt die *Nummernverwaltung* einen weiteren sehr sensiblen und wettbewerbsrelevanten Regelungsbereich des TKG dar. Nummern im Bereich der Telekommunikation sind aufgrund internationaler vertraglicher Verpflichtungen der Bundesrepublik Deutschland ein knappes Gut. § 43 Abs. 1 TKG weist der Regulierungsbehörde die Aufgabe zu, einen Nummernplan aufzustellen und in einem Amtsblatt zu veröffentlichen.

Ferner obliegt es der Regulierungsbehörde nach den §§ 44-49 TKG eine *Frequenzordnung* aufzustellen.

Schließlich enthält der Achte Teil des TKG Regelungen über die Benutzung öffentlicher Verkehrswege und privater Grundstücke. Insbesondere die Regelungen über die Nutzung *öffentlicher Verkehrswege* waren während des Gesetzgebungsverfahrens heftig umstritten[57]. Während sich die Telekommunikationsanbieter einschließlich der Deutschen Telekom AG für eine *unentgeltliche* Befugnis zur Inanspruchnahme von öffentlichen Verkehrswegen für die Verlegung von Leitungen aussprachen, machten insbesondere die *Kommunen* hiergegen verfassungsrechtliche Bedenken geltend. Das TKG hat den Grundsatz der unentgeltlichen Nutzung öffentlicher Wege beibehalten und damit an die seit dem Jahre 1899 geltende Regelung des Telegraphenwegegesetzes angeknüpft. Dies widerspricht den Regelungen im Bereich des Energiewirtschaftsrechts. Dort erheben die Kommunen seit langem Konzessionsabgaben für die Verlegung von Strom- und Gasleitungen auf öffentlichen Wegen und Plätzen. Ganz grundsätzlich ist zu sagen, daß Gemeinden ebenso wie Private bei der Vergabe von Nutzungsrechten an ihren Grundstücken auf der Grundlage des bürgerlichen Rechts handeln und somit frei sind, einen ihnen adäquat erscheinenden Preis für die Nutzung auszuhandeln. Greift der Gesetzgeber in diese, dem Eigentum immanente, Nutzungsrechtsposition ein, so enteignet er den Grundeigentü-

---

56 *Joachim Scherer*, Das neue Telekommunikationsgesetz, NJW 1996, 2953; *Hefekäuser/Wehner*, Regulierungsrahmen in der Telekommunikation, Überlegungen aus der Sicht der Unternehmen, CR 1996, 698; *Lehmann/Stolz*, Kommunale Telekommunikationsnetze im Wandel, CR 1997, 97; *Schütz/Esser-Wellié*, Wettbewerb in der Telekommunikation?, AfP 1995, 580; *Guido Meyer-Arndt*, Der Zutritt der neuen Wettbewerber zu den lokalen Märkten der Telekommunikation, ZUM 1996, 757; *Lutz Michael Büchner*, Liberalisierung und Regulierung im Post- und Telekommunikationssektor, CR 1996, 581; *Hiltel/Großmann*, Grundfragen des neuen deutschen Telekommunikationsrechts, BB 1996, 169; übergreifend: *Gersdorf*, Die dienende Funktion der Telekommunikationsfreiheiten: Zum Verhältnis von Telekommunikations- und Rundfunkordnung, AfP 1997, 424; *Joachim Scherer*, »Online« zwischen Telekommunikations- und Medienrecht, AfP 1996, 213; weiterführend: *Wuermeling/Felixberger*, Fernmeldegeheimnis und Datenschutz im Telekommunikationsgesetz, CR 1997, 230; *Karl-Heinz Helf*, Sicherheit in der Telekommunikation als Regulierungsaufgabe, CR 1997, 331.

57 *Raimund Schütz*, Wegerechte für Telekommunikationsnetze – Chancen für mehr Wettbewerb auf den liberalisierten Telekommunikationsmärkten?, NVwZ 1996, 1053.

mer i.S.v. Art. 14 GG, muß also für eine die Enteignung ausgleichende Entschädigungsregelung sorgen.

Um den Übergang vom Monopol zum Wettbewerb in der Telekommunikation zu ermöglichen, sehen die §§ 66 ff. TKG eine *Regulierungsbehörde* vor. Es handelt sich um eine *Bundesoberbehörde* im Geschäftsbereich des Bundesministeriums für Wirtschaft mit Sitz in Bonn (§ 66 Abs. 1 TKG), die in Anlehnung an die institutionelle Stellung des Bundeskartellamtes durch *Beschlußkammern* entscheidet (§§ 71 ff. TKG). Die Regulierungsbehörde wird durch einen *Beirat* in föderal relevanten Fragen beraten (§ 67 TKG). Haupttätigkeit der Behörde wird die Einleitung und Abwicklung der Lizenzverfahren sowie die Entgelt- und Netzzugangsregulierung sein. Außerdem wird die Regulierungsbehörde die Nummernverwaltung und Frequenzordnung wahrnehmen müssen. Die Regulierungsbehörde nimmt ihre Arbeit am 01.01.1998 auf. Neben ihr bleibt das Bundeskartellamt für Fälle zuständig, die, wie etwa die Marktmachtaufsicht (§ 22 GWB/Art. 86 EGV) in den Kompetenzbereich dieses Amtes fallen. In § 82 TKG wird die Zusammenarbeit mit dem Bundeskartellamt angedeutet. In § 81 Abs. 1 TKG wird deutlich, daß die Arbeit der Regulierungsbehörde im Laufe der Zeit überflüssig werden könnte. Die Monopolkommission soll *insbesondere* (also durchaus auch auf anderen Feldern) darlegen, ob die Regelungen zur Entgeltregulierung im Dritten Teil des TKG weiterhin erforderlich sind.

## C. Mittel der Regulierung

### I. Lizenzpflicht

Wettbewerb auf der Netzebene ist die zentrale Voraussetzung für eine wettbewerbliche Organisation der Anwendermärkte[58]. Um Wettbewerbsbeschränkungen durch Lizenzierung des Netzbetriebs zu vermeiden, sind die Mitgliedstaaten verpflichtet, der Kommission alle Lizenzierungs- und Anmeldeanforderungen vor deren Einführung mitzuteilen, damit diese deren Vereinbarkeit mit dem Vertrag und insbesondere die Verhältnismäßigkeit der auferlegten Verpflichtungen feststellen kann[59]. Dabei darf die Anzahl der Lizenzen nur begrenzt werden, wenn dies zur Sicherung von grundlegenden Anforderungen bei *knappen Ressourcen* unerläßlich ist[60]. Diese Grundsätze entsprechen denen des im Vertrag garantierten freien Dienstleistungsverkehrs (Art. 59 EGV) und der ihn begrenzenden *Cassis-Formel*, wonach Mitgliedstaaten die Dienstleistungsfreiheit dann und nur dann beschränken dürfen, wenn *zwingende Gründe des Allgemeininteresses*

---

58 Monopolkommission, Die Telekommunikation im Wettbewerb, SG 24, S. 25.
59 Richtlinie 96/19/EG, Erwägungsgrund Nr. 9.
60 Richtlinie 96/19/EG, Erwägungsgrund Nr. 10.

dies rechtfertigen[61]. In bezug auf die Bereitstellung von Sprachtelefondienst, von öffentlichen festen Telekommunikationsnetzen und von anderen Telekommunikationsnetzen, die die Benutzung von Funkfrequenzen einschließen, würden, so meint die Kommission[62], die grundlegenden Anforderungen, die Einführung oder Beibehaltung eines Einzellizenzierungsverfahrens[63] rechtfertigen.

Diesem Konzept ist das deutsche Recht gefolgt. Nach § 6 TKG werden vier Lizenzklassen unterschieden.

---

**Lizenzklassen**

**Lizenzklasse 1: Mobilfunklizenz**
→ berechtigt zum Betreiben von Übertragungswegen für Mobilfunkdienstleistungen

**Lizenzklasse 2: Satellitenfunklizenz**
→ berechtigt zum Betreiben von Übertragungswegen für Satellitenfunkdienstleistungen

**Lizenzklasse 3: andere TK-Dienstleistungen**
→ berechtigt zum Betreiben von Übertragungswegen für andere TK-Dienstleistungen, sofern sie nicht von Lizenzklassen 1 oder 2 erfaßt sind – außer für Telefondienst

**Lizenzklasse 4: Telefondienst**
→ berechtigt zum Angebot von Sprachtelefondienst auf der Basis selbstbetriebener Telekommunikationsnetze

---

Den Netzbetreibern kann auf Antrag eine *Sammellizenz* (§ 6 Abs. 4 TKG) erteilt werden.

Die generelle Lizenzpflicht in diesen vier Klassen betrifft die Märkte, die bisher im Bereich des Netz- und Telefondienstmonopols liegen. Alle ande-

---

61 EuGH Slg. 1979, 649 »Cassis de Dijon«.
62 Richtlinie 96/19/EG, Erwägungsgrund Nr. 10.
63 *Norbert Nolte*, Lizenzierung von Telekommunikationsunternehmen, CR 1996, 459.

ren Telekommunikationsdienste, zum Beispiel Service oder Content-Provider, Datendienste oder Leistungen für geschlossene Benutzergruppen, sind nicht lizenzpflichtig[64]. Nach der Begründung des Gesetzgebers ist die Lizenzpflicht notwendig, »weil die Verpflichtungen, denen Lizenznehmer unterliegen, in vielen Bereichen nur einzelfallbezogen beschrieben werden können. Es geht dabei um die Einhaltung grundlegender Anforderungen, wie die der Netzsicherheit, der Katastrophen- und Krisenvorsorge, des Schutzes des Fernmeldegeheimnisses, der Sicherstellung einer flächendeckenden Grundversorgung mit Telekommunikationsdienstleistungen. Bestimmte Auflagen sind darüber hinaus von subjektiven Voraussetzungen abhängig, die eine individuelle Zuordnung von Auflagen erforderlich machen. Auch müssen notwendige Anpassungen individuell und flexibel durchgeführt werden können. Deshalb müsse es möglich sein, mit der Lizenz Auflagen individuell zu erteilen und nicht alle Verpflichtungen unmittelbar gesetzlich zu normieren[65]. Die hiermit angedeuteten, in § 8 Abs. 2 und 3 TKG konkretisierten Versagungs- und Einschränkungsgründe sind Einfallstore für diskretionäre staatliche Eingriffe in den Markteintritt[66]. Vor allem können Auflagen bei der Netzzulassung als *Marktzutrittsschranken* wirken und dadurch potentielle Netzanbieter vom Marktzutritt abhalten[67]. Auch die Monopolkommission hat darauf hingewiesen, daß die jetzige Konzeption der Lizenzvergabe die Gefahr in sich trägt, daß das überkommene Monopol durch ein enges Oligopol von Unternehmen mit wesentlich gleichgerichteten Interessen, neben der Telekom vor allem Stromversorger und die Deutsche Bahn AG, ersetzt wird[68]. Mit Blick auf die zukünftige Lizenzierungspraxis durch die Regulierungsbehörde (§ 71 TKG) wird es darauf ankommen, die Lizenzvergabepraxis (§ 8 TKG) an den Grundsätzen der unmittelbar und direkt wirkenden Dienstleistungsfreiheit (Art. 59 EGV) zu messen. Bei Zweifeln über Umfang und Reichweite des EG-Vertrages, haben die Gerichte das Verfahren auszusetzen und die offene Frage dem EuGH nach Art. 177 EGV vorzulegen.

Die hiermit angedeuteten Bedenken gegenüber der generellen Lizenzpflicht für Netzbetreiber und Telefondienste — wie im Bank- und Versicherungsaufsichtsrecht könnte eine Anmeldung verbunden mit einer nachträg-

---

64 Gesetzesbegründung BR Drs. 80/96, 34.
65 BR Drs. 80/96, 34.
66 *Freytag/Jäger*, Der künftige Ordnungsrahmen des deutschen Telekommunikationsmarktes, ORDO (Jahrbuch für die Ordnung von Wirtschaft und Gesellschaft) 1996, 215, 220.
67 *Günter Knieps*, Die Ausgestaltung des zukünftigen Regulierungsrahmens für die Telekommunikation in Deutschland, Diskussionsbeiträge des Instituts für Verkehrswissenschaft und Regionalpolitik, Nr. 22, Universität Freiburg, 1995, 20; *Blankart/Knieps*, Regulierung von Netzen?, Diskussionspapier der Humboldt-Universität zu Berlin Nr. 80, 1996, 7.
68 Sondergutachten 24 S. 26.

lichen Mißstandsaufsicht genügen – treten im Grundsatz dann zurück, wenn die Netzressourcen knapp sind. Das ist im Augenblick nur bei der Vergabe von Funkfrequenzen der Fall[69]. In diesem Fall werden die Lizenzen nach § 11 Abs. 1 TKG in einem Versteigerungs- oder einem Ausschreibungsverfahren vergeben. Das Versteigerungsverfahren bildet, wie § 11 Abs. 2 TKG klarstellt, den gesetzlichen *Regelfall*[70]. Das ist ökonomisch konsequent, weil auf diese Weise der Knappheitspreis der Funkfrequenz gefunden und offengelegt werden kann[71]. Beim *Ausschreibungs*verfahren (§ 11 Abs. 6 TKG) sind diejenigen Bewerber bevorzugt zu berücksichtigen, die einen höheren räumlichen Versorgungsgrad mit den entsprechenden lizenzpflichtigen TK-Dienstleistungen gewährleisten (§ 11 Abs. 6 Satz 4 TKG). Diese gesetzliche Vorzugsregel wirkt wie eine *Marktzutrittsschranke* gegenüber potentiellen Netzanbietern und bedarf deshalb besonderer Rechtfertigung gegenüber Art. 59 EGV im Einzelfall[72]. Das gilt in gleicher Weise von § 11 Abs. 7 TKG wonach die Regulierungsbehörde die Lizenzvergabe mit der Auflage zu verbinden hat, im Lizenzgebiet einen *Universaldienst*, nämlich vor allem den Telefondienst mit ISDN-Merkmalen, anzubieten.

## II. Universaldienstleistungen

Der Sprachtelefondienst hat, so heißt es in der Richtlinie 95/62/EG (Erwägungsgrund Nr. 8)[73], aus sozialen und wirtschaftlichen Gründen wesentlich an Bedeutung gewonnen; daher sollte jeder Bürger in der Gemeinschaft das Recht haben, an diesem Dienst teilzunehmen[74]. Nach dem Prinzip der Nichtdiskriminierung muß der Sprachtelefondienst allen Benutzern gleichermaßen angeboten und auf Antrag zur Verfügung gestellt werden[75]. Diese Erwägungen beruhen auf einer Entschließung des Rates vom 07.02.1994 über die Grundsätze für den Universaldienst im Bereich der Telekommunikation[76]. Hierauf aufbauend gewährleistet nach Art. 87f GG »der Bund im Bereich des Postwesens und der Telekommunikation flächendeckend angemessene und ausreichende Dienstleistungen«.

69 BR Drs. 80/96, S. 34.
70 BR Drs. 80/96, S. 39.
71 *Freytag/Jäger*, aaO, S. 211; BR Drs. 80/96, S. 39.
72 Aus ökonomischer Sicht *Blankart/Knieps*, aaO, S.7.
73 Richtlinie des Europäischen Parlaments und des Rates zur Einführung des offenen Netzzugangs (ONP) beim Sprachtelefondienst vom 13.12.1995; ABl. Nr. L 321 vom 30.12.1995, S. 6.
74 Vgl. den Blick über den Zaun bei *Herbert Kubicek*, Universaldienstregelungen in den USA und in Deutschland, CR 1997, 1.
75 Richtlinie 95/62/EG Erwägungsgrund Nr. 8.
76 94/C 48/01.

*1. Grundsätze*

Diese Konzeption wird von den §§ 17-22 TKG aufgegriffen und ausgefüllt. Universaldienstleistungen, so definiert § 17 Abs. 1 TKG hölzern, sind »ein Mindestangebot an Telekommunikationsdienstleistungen für die Öffentlichkeit, für die eine bestimmte Qualität festgelegt ist und zu denen alle Nutzer unabhängig von ihrem Wohn- oder Geschäftsort zu einem *erschwinglichen Preis* Zugang haben müssen. Gemeint ist, wie § 1 der Universaldienstleistungsverordnung (TUDLV) klarstellt, der Sprachtelefondienst mit ISDN-Qualität, die Telefonauskunft, die Herausgabe des Telefonbuchs und die Bereitstellung von öffentlichen Telefonzellen, jeweils einschließlich der dazu notwendigen Übertragungswege. Grundsätzlich unterstellt der Gesetzgeber, wofür in Deutschland bei einer Anschlußdichte im Telefonbereich um ca. 98 % auch viel spricht[77], daß Universaldienste im Rahmen des normalen Marktgeschehens, d.h. ohne staatlichen Eingriff, ausreichend und angemessen erbracht werden.

*2. Der erschwingliche Preis*

Ob dies wirklich der Fall ist, hängt letztlich davon ab, ob der mit Stichtag 31.12.1997 festgelegte erschwingliche Höchstpreis für die Telefondienstleistungen kostendeckend ist oder nicht. Der Verordnungsentwurf (TUDLV) definiert in § 2 die Preise für Telefondienste dann als erschwinglich, wenn sich ein durchschnittlicher Warenkorb von Telefondienstleistungen, die von Privathaushalten außerhalb von Städten mit mehr als 100.000 Einwohnern nachgefragt werden, nicht über das Niveau vom 31.12.1997 real verteuert. Diese Interpretation des erschwinglichen Preises entspricht eher einem politisch motivierten Verteilungsziel als dem Grundversorgungsgedanken, da auf diese Weise regionale Preiserhöhungen oberhalb des Niveaus am Liberalisierungsstichtag vollständig verhindert werden[78]. Problematisch ist vor allem, daß mit dieser Konzeption eine Universaldienstverpflichtung etabliert wird, die zur Absicherung einer Grundversorgung in diesem Umfang nicht benötigt wird. Eine weniger restriktive Preisgrenze, die z.B. eine Preiserhöhung von 50 % für den Warenkorb mit Telefondienstleistungen zuläßt, würde dieses Problem abschwächen[79]. Damit würde vor allem der Tatsache Rechnung getragen werden, daß alle Personen, auch nicht bedürftige Unternehmen, in den Genuß der Universaldienstleistung kommen und zwar ohne jede Mengenbeschränkung. Ob dieses Konzept europarechtlich trägt, erscheint mit Blick auf Art. 59 EGV frag-

---

77 *Freytag/Jäger*, aaO, S. 223.
78 *Klodt/Laaser/Lorz/Maurer*, aaO, S. 73.
79 *Klodt/Laaser/Lorz/Maurer*, aaO, S. 73.

lich. Grundsätzlich hätte man in Deutschland fragen können, ob angesichts der hohen Anschlußdichte (98 %) und der Tatsache, daß für die Teilnahme am Telefonverkehr ohnehin Sozialhilfe gewährt wird, überhaupt eine Regulierung für die Universaldienste erforderlich ist. Jedenfalls wird sich die jetzige Preiskonzeption spätestens dann einer europarechtlichen Prüfung unterwerfen müssen, wenn ein ausländischer Telefonanbieter in den deutschen Markt will.

## 3. Verpflichtung zum Universaldienst

Werden Universaldienste nicht ausreichend und angemessen erbracht, so sieht das Gesetz ein differenziertes Eingriffsinstrumentarium vor. Zunächst ist nach § 18 Abs. 1 TKG jeder Lizenznehmer mit 4 % Marktanteil *verpflichtet* dazu beizutragen, die Universaldienstleistung zu erbringen. Es scheint sich bei dieser Verpflichtung nach § 18 Abs. 1 TKG, trotz des klaren Wortlautes, nicht um eine von der Regulierungsbehörde einklagbare Rechtspflicht zu handeln. Denn § 19 TKG entwickelt für den Fall, daß die Unternehmen nach § 18 TKG ihren Verpflichtungen nicht nachkommen, ein völlig eigenständiges Verfahren für die Auferlegung von Universaldienstleistungen. Rechtssystematisch überzeugend ist dies nicht. Zumindest aus der Sicht etwaiger nichtversorgter Kunden wird man prüfen müssen, ob § 18 Abs. 1 TKG kundenschützende Wirkungen entfaltet oder doch zumindest als Schutzgesetz i.S.v. § 823 Abs. 2 BGB einzuordnen ist.

## 4. Finanzierung der Universaldienste

Wird ein marktbeherrschendes Unternehmen nach § 19 TKG zu Erbringung von Universaldienstleistungen verpflichtet, so hat es nun – im Gegensatz zur Pflicht nach § 18 TKG – einen Anspruch auf Ausgleich der Universaldienstleistungen nach § 20 TKG. Diesen Anspruch hat das Unternehmen gegen die Regulierungsbehörde wenn es nachweist, daß die langfristigen zusätzlichen Kosten der effizienten Bereitstellung der Universaldienstleistung einschließlich einer angemessenen Verzinsung des eingesetzten Kapitals deren Erträge überschreiten. Die Erträge sind auf der Grundlage der durch Rechtsverordnung festzulegenden erschwinglichen Preise zu berechnen. Für den Telfondienst gilt, wie oben erörtert, ein Preis als erschwinglich, der »den realen Preis der von einem Privathaushalt außerhalb von Städten mit mehr als 100.000 Einwohnern zum Zeitpunkt des 31. Dezember 1997 durchschnittlich nachgefragten Telefondienstleistungen mit den zu diesem Zeitpunkt erzielten Leistungsqualitäten einschließlich der Lieferfristen nicht übersteigt« (§ 2 Abs. 1 TUDLV).

Gewährt nun die Regulierungsbehörde einen Ausgleich für die Erbringung der Universaldienstleistung, so erhebt sie zur Finanzierung von den Lizenznehmern eine *Universaldienstleistungsabgabe* (§ 21 TKG). Jeder Lizenznehmer, der auf dem jeweiligen Markt mit einem Anteil von 4 % am Gesamtumsatz tätig ist, trägt zum Ausgleich bei. Der Anteil entspricht dem Verhältnis seines Umsatzes zum Gesamtumsatz auf dem sachlich relevanten Markt.

Dieses komplizierte Modell hat erstaunlich schlichte *praktische Konsequenzen*. Der marktbeherrschende zur Universaldienstleistung verpflichtete Anbieter trägt zunächst einmal den auf ihn entfallenen Anteil der Universaldienstabgabe selbst. Nur im Hinblick auf die Restmarktanteile zahlen die Wettbewerber einen Ausgleich. Damit ist auf dem komplizierten Umweg über §§ 19 und 20 TKG genau besehen doch der Zustand hergestellt worden, der einer Rechtspflicht nach § 18 TKG entsprochen hätte. Problematisch ist dabei, daß ausgerechnet die Newcomer nach § 20 TKG eine Universaldienstabgabe leisten müssen. Dies wirkt ihnen gegenüber als Marktzutrittsschranke und verletzt damit Art. 59 EGV.

## 5. *Verfassungsrechtliche Bedenken*

Noch problematischer ist allerdings, daß es den Unternehmen überhaupt obliegt, unter Kosten Telefondienstleistungen anbieten zu müssen, also anstelle des Staates eine soziale Aufgabe zu erfüllen. Ob dies wirklich der Fall ist, hängt letztlich davon ab, ob der mit Stichtag 31.12.1997 festgelegte erschwingliche Preise für die Telefondienstleistungen kostendeckend ist oder nicht. Dafür spricht, daß in diesem Preis nicht nur die traditionell defizitären Ortsnetzgespräche (access deficit)[80], sondern auch die »zu teuren« Ferngespräche gewichtet sind. Sollte der hierin angelegte Innenausgleich beim Telefonpreis für die Deutsche Telekom nicht realistisch sein, so wird man, wie beim Kohlepfennig-Beschluß des BVerfG vom 11.10.1994[81], zunächst einmal zu fragen haben, ob der deutsche Gesetzgeber private Unternehmen in verfassungsrechtlich unbedenklicher Weise mit einer solchen Abgabe belasten darf, oder ob es sich hier nicht vielmehr um eine verdeckte Steuer handelt[82]. Hinzukommen europarechtliche Implikationen, wenn die Regulierungsbehörde die Abgabe einem Unternehmen auflegen

---

80 Hierzu kritisch und mit USA/GB vergleichend: *Ingo Vogelsang*, VTM-Studie: Kosten des Ortsnetzes http://userpage.fu-berlin.de/~dittbern/Telekom/VTM_Studie.htm; *Klodt/Laaser/Lorz/Maurer*, aaO, S. 75.
81 BVerfGE 91, 186 = NJW 1995, 381.
82 *Schütz/Esser-Wellié*, Wettbewerb in der Telekommunikation, AfP 1995, 580; die FCC hat inzwischen der Interconnection Order vom 08.08.1996 ein neues pricing System eingeführt – »total element long run incremental costs – TELRIC«.

will, das seinen Sitz in einem anderen Mitgliedstaat der Gemeinschaft hat. In diesem Zusammenhang wird dann zu fragen sein, ob die Abgabe nach § 21 TKG mit den Grundsätzen der Dienstleistungsfreiheit (Art. 59 EGV) zu vereinbaren ist.

*6. Der Blick über den Tellerrand*

Es ist zuzugeben, daß Deutschland bei den Problemen der Finanzierung des erschwinglichen Preises im Ortsnetz nicht allein steht[83]. Auch anderswo stellte sich die Frage, wer das »access deficit« zu tragen hat. In den USA wurde den Wettbewerbern der Marktzutritt durch die »Equal-Rate-per-Minute-of-Use-Rule« finanziell erleichtert, wonach der bisherige Monopolist AT&T und die Wettbewerber für die Nutzung des Ortsnetzes an den Ortsnetzbetreiber denselben Preis pro Zeiteinheit bezahlen mußten, obwohl die durch AT&T verursachten Kosten pro Zeiteinheit, wegen des viel höheren Verkehrsaufkommens, weit unter denen der neuen Wettbewerber lagen[84]. Im Vereinigten Königreich mußten die Wettbewerber bis Februar 1996 eine »Access Deficit Contribution« leisten. Diese Verpflichtung setzte, zur Erleichterung des Markteintritts, bis zum 01.07.1997 einen Marktanteil von 10 % voraus; bei einem Marktanteil bis zu 25 % war ein ermäßigter Beitrag zu leisten[85]. Inzwischen erhielt BT das Recht, kostendeckend Grundgebühren zu erheben.

*III. Entgeltregulierung*

Das TKG hat in § 25 Abs. 1 für marktbeherrschende Unternehmen – gemeint ist die Deutsche Telekom – eine Preisregulierung vor allem für den Sprachtelefondienst und für Übertragungswege eingeführt. Dagegen unterliegen die Tarife für alle übrigen TK-Dienstleistungen die von einem marktbeherrschenden Unternehmen erbracht werden, einer *nachträglichen* Mißbrauchskontrolle (§ 25 Abs. 2 TKG). Letzteres entspricht konzeptionell der auch bisher schon bestehenden Preismißbrauchsaufsicht gegenüber marktbeherrschenden Unternehmen nach § 22 Abs. 4 GWB durch das Bundeskartellamt, während die Vorabgenehmigung der Tarife beim Telefondienst und den Übertragungswegen als *sektorspezifische Regulierung* und als ein

---

83 *Herbert Kubicek*, Universaldienstregelungen in den USA und in Deutschland, CR 1997, 1 ff.
84 *Neu/Neumann*, Interconnection Agreements in Telecommunications, hrsg. vom Wissenschaftlichen Institut für Kommunikationsdienste, Diskussionsbeitrag Nr. 106, Bad Honnef, April 1993, S. 15.
85 *Neu/Neumann*, aaO, S. 67.

auf Überwindung drängender wettbewerblicher Fremdkörper verstanden werden muß. Vergleichbare Vorabgenehmigungen für Tarife, etwa im Bereich der Lebensversicherung, sind mit guten Gründen am 29.07.1994 gerade abgeschafft worden. Ob und inwieweit diese Art der Entgeltregulierung, für die es in den Telekomrichtlinien der Gemeinschaft keine Verankerung gibt, mit den Grundsätzen der Dienstleistungsfreiheit (Art. 59 EGV) in Einklang zu bringen ist, wird eine besonders sensibel zu prüfende Frage sein. Dies hat der deutsche Gesetzgeber nicht übersehen und deshalb in § 81 Abs. 3 TKG der Monopolkommission aufgegeben, in ihren Berichten jeweils darzulegen, »ob die Regelungen zur Entgeltregulierung weiterhin erforderlich sind«. Sollte sie sich im Bereich des Telefondienstes schon bald für überflüssig erweisen, so würde dies etwaige Genehmigungen nach § 97 Abs. 3 TKG nach dem Sinn und Zweck des Gesetzes außer Kraft setzen. Auch nach dem Wortlaut von § 97 Abs. 3 TKG sollen Genehmigungen beim Telefondienst bis *längstens* 31.12.2002 wirksam bleiben.

Entgeltregulierungen sind problematisch, weil sie funktionsfähigen Wettbewerb durch »als-ob-Annahmen« ersetzen und damit, um ein Bild Hayek's aufzugreifen, auf »angemaßtem Wissen« beruhen. Zudem können wir in Deutschland auf leidvolle Erfahrungen mit der Preisregulierung, etwa im Bereich der Strom- und Gaspreise blicken. Das deutsche Preisniveau liegt ca. 30 % über dem europäischen und gehört damit zu den unbestrittenen Standortnachteilen. Ähnlich problematische Monopolrenditen gab es bis vor kurzem auf den Versicherungsmärkten; auch die Regulierungen im Gesundheitswesen und Agrarsektor sollten warnende Beispiele sein. Zu Recht wird in der ökonomischen Literatur darauf hingewiesen, daß der in Deutschland hoch vermachtete Markt für öffentlichen Sprachtelefondienst dennoch angreifbar ist[86]. Anbieter von Mehrwertdiensten sind nach Wegfall der gesetzlichen Marktzutrittsschranken grundsätzlich in der Lage auch Telefondienste anzubieten. Gespräche per Internet könnten den Telefonkonzernen schon in naher Zukunft ernsthafte Schwierigkeiten bringen[87]. Auch wenn der Marktanteil der eingesessenen Unternehmen hoch ist, werden ineffiziente Anbieter nicht marktgerechter Leistungen rasch erhebliche Marktanteilsverluste hinnehmen müssen. Hinzu wird der Druck potentiellen Wettbewerbs aus nicht kabelgebundenen Netzen (Satelliten/ Mikrowellensysteme/Mobilfunk) treten, solange wettbewerbsgerechter Zugang zu Nummern und Frequenzen für sämtliche Marktteilnehmer gewährleistet ist. Dies alles läßt hoffen, daß die Entgeltregulierung im Sprachtelefondienst – sie steht neben der Regulierung des erschwinglichen Preises für die Universaldienstleistung nach § 17 Abs. 1 TKG – schon bald völlig wegfallen kann. Insoweit gibt es wegen der unmittelbaren Wirkung der Dienstleistungsfreiheit nach Art. 59 EGV keine rechtliche Beliebigkeit.

---

86 *Blankart/Knieps*, aaO, S. 23.
87 Der Spiegel, 18/1997, S. 116.

Richtig ist allerdings, daß *nicht angreifbare Teilmärkte* (bottlenecks) reguliert werden müssen. Aktuelles Beispiel hierfür sind die Ortsnetze, bei denen Bündelungsvorteile – etwa bei der Kabelverlegung – bewirken, daß in der Regel nur ein Anbieter aktiv ist[88]. Gleichzeitig führen die irreversiblen, also unwiederbringlichen, Kosten (sunk costs) der erdgebundenen Kabelnetze dazu, daß die entscheidungsrelevanten Kosten des marktbeherrschenden Unternehmens lediglich aus den kurzfristigen variablen Kosten bestehen. Es handelt sich bei den Ortsnetzen also um monopolistische Bottleneck-Ressourcen, die im Sinne der Essential Facilities Doctrine[89] wesentlich und am Markt nicht anderweitig verfügbar sind. Hieraus ergibt sich ein Spielraum für strategisches Verhalten des Marktbeherrschers, so daß ineffiziente Produktion oder Überschußprofite nicht mehr zwangsläufig den Marktzutritt von Konkurrenten zur Folge haben[90]. Die im Bereich der Ortsnetze verfügbare Marktmacht muß also effektiv reguliert werden, um funktionsfähigen Wettbewerb sicherzustellen. Aber auch in diesem Bereich sind für die nahe Zukunft erhebliche Wettbewerbspotentiale zu erwarten, insbesondere aufgrund technischer Entwicklungen im Bereich funkbasierter Technologien, der Kabelfernsehnetze und des Internets. Auch mit Blick auf die Ortsnetze ist es deshalb richtig, den Regulierungsbedarf periodisch zu überprüfen.

Trotz aller Schwierigkeiten Wettbewerbspreise durch Regulierung zu simulieren, ist der vom deutschen Gesetzgeber favorisierten *Price-Cap-Methode* mit der Monopolkommission[91] zuzustimmen. Statt einer diskretionären Einzelpreisüberwachung hat sich auf deregulierten ausländischen Telekommunikationsmärkten, vor allem in Großbritannien und den USA, dieses Modell durchgesetzt. Dabei wird für einen vorgegebenen Warenkorb der Endabnehmerstufe ein Ausgangspreisniveau bestimmt (§ 27 Abs. 1 Nr. 2 TKG). Dieses Niveau darf in den Folgejahren um nicht mehr als den Gesamtindex der Konsumgüterpreise abzüglich eines Faktors x ansteigen. Der Faktor x entspricht einem zu erwartenden überdurchschnittlichen Produktivitätsfortschritt in der Branche. Einer Entgeltregulierung unterliegt damit ausschließlich der gewichtete Gesamtpreis, wobei natürlich die Gretchenfrage dieses Konzeptes die zutreffende Bestimmung des Ausgangspreisniveaus ist. Die Einzelheiten regelt § 4 der Telekommunikations-EntgeltregulierungsVO (TEntgV). Damit wird, ähnlich dem von Grossekettler Mitte der 80er Jahre entwickelten an Renditeentwicklungen anknüpfenden

---

88 *Blankart/Knieps*, aaO, S. 24.
89 *Blankart/Knieps*, aaO, S. 11; *Petra Mennicke*, Magill – Von der Unterscheidung zwischen Bestand und Ausübung von Immaterialgüterrechten zur »essential facilities« Doctrine in der Rechtsprechung des EuGH, ZHR 160 (1996) 626 ff.; grdl. *Holger Fleischer*, Behinderungswettbewerb durch Produktinnovation, Nomos 1996, passim.
90 *Blankart/Knieps*, aaO, S. 24.
91 Sondergutachten 24, S. 19.

Koordinationsmängelkonzept[92], nicht mehr an bilanzrechtlich leicht manipulierbaren Kosten, sondern an wettbewerbliche Preisentwicklungen angeknüpft.

## IV. Offener Netzzugang und Zusammenschaltung

In engem Zusammenhang zur Entgeltregulierung stehen die §§ 33-39 TKG mit deren Hilfe ein offener Netzzugang und die Zusammenschaltung von Netzen gewährleistet werden soll[93]. Damit ist das zentrale Problem für das Entstehen von Wettbewerb auf Telekommunikationsmärkten angesprochen. Es geht um die Frage, wie der neue Wettbewerber den Kunden erreichen kann. Vor allem die Kontrolle des Ortsnetzes (local loop) und damit der letzten Meile zum Haus- oder Büroanschluß bildet den kritischen Engpaß (bottleneck), der darüber entscheidet, ob neue Wettbewerber zum Kunden kommen und damit auch darüber, ob sie eine Chance haben, sich am Markt zu etablieren. Die Erfahrungen in England, Finnland und den USA zeigen, daß Kontrolle über den direkten Zugang zum Kunden in der Regel Kontrolle über den Rest des Markts bedeutet[94].

### 1. Grundsätze

In Übereinstimmung mit den europarechtlichen Vorgaben[95] verpflichtet das TKG die Betreiber von Telekommunikationsnetzen dazu, einerseits anderen Nutzern *Zugang* zu ihren Netzen oder Teilen desselben zu ermöglichen, andererseits insbesondere eine *Zusammenschaltung* ihres Netzes mit den öffentlichen Netzen anderer Betreiber zu ermöglichen (§§ 35, 37 TKG). Diese Verpflichtung trifft allerdings nicht alle Betreiber von Netzen, sondern lediglich jene, die TK-Dienstleistungen für die Öffentlichkeit anbieten und über eine *marktbeherrschende Stellung* i.S.v. § 22 GWB verfügen. Die Verpflichtung ist durch Abschluß von *Vereinbarungen über Netzzugänge* (§ 35 Abs. 2 TKG) zu erfüllen. Diese Vereinbarungen müssen auf *objektiven* Maßstäben beruhen, *nachvollziehbar* sein und einen *gleichwertigen*

---

92 *Grossekettler*, Die neue Methode zur Messung der Funktionsfähigkeit von Märkten: Die KMK-Funktionsfähigkeitsanalyse, DBW 1991, 465.
93 *Ludwig Gramlich*, Rechtsfragen bei Zusammenschaltungsvereinbarungen, CR 1997, 65 ff.; *Hefekäuser/Dreier*, Der gesetzliche Rahmen für Netzzugang und Netzzusammenschaltungen, CR 1997, 110 ff.; *Brigitte Haar*, Offener Netzzugang in der Telekommunikation, CR 1996, 713 ff.
94 WCP-Weißbuch, 1996, S. 9.
95 Richtlinie 90/387/EWG zur Einführung eines offenen Netzzugangs (open network provision-ONP) vom 28. Juni 1990 ABl. L 192 vom 24.07.1990 S. 1.

Zugang zu den Telekommunikationsnetzen eines Betreibers gewähren (§ 35 Abs. 2 TKG). Gelingt eine Vereinbarung über den Netzzugang zwischen den Anbietern nicht, so können die Beteiligten gemeinsam die Regulierungsbehörde zur *Schlichtung* anrufen (§ 8 NetzzugangsVO-NZV). Die Zusammenschaltung öffentlicher Netze ist nicht nur zulasten des marktbeherrschenden Unternehmens, sondern generell erforderlich. Deshalb ist nach § 36 TKG *jeder* Betreiber eines öffentlichen Netzes verpflichtet, anderen Betreibern auf Nachfrage ein Angebot auf Zusammenschaltung abzugeben. Kommt eine Vereinbarung nicht zustande, so ordnet die Regulierungsbehörde nach § 37 TKG die Zusammenschaltung an.

Ergänzt werden die Regelungen über Netzzugang und Zusammenschaltung durch eine *besondere Mißbrauchsaufsicht* (§ 33 TKG). Der marktbeherrschende Anbieter von TK-Dienstleistungen muß Wettbewerbern den Zugang zu seinen intern genutzten und zu seinen am Markt angebotenen Leistungen, soweit sie *wesentlich sind*, zu den Bedingungen ermöglichen, die er sich selbst bei der Nutzung dieser Leistung einräumt, es sei denn, die Diskriminierung ist sachlich gerechtfertigt (§ 33 Abs. 1 TKG). Insbesondere darf er den Zugang nur entsprechend der Anforderungen von Art. 3 Abs. 2 der ONP-Richtlinie beschränken. Diese grundlegenden Anforderungen sind:

- Sicherheit des Netzbetriebs
- Aufrechterhaltung der Netzintegrität
- Interoperabilität der Dienste, wo dies begründet ist,
- Datenschutz, wo dies angebracht ist.

Außerdem gelten die im allgemeinen für den Anschluß von Endgeräten an das Netz geltenden Bedingungen.

Schließlich enthält § 34 TKG eine spezielle Regelung über *Schnittstellen* für den offenen Netzzugang. Die Europäische Gemeinschaft veröffentlicht europäische Normen von Schnittstellen und von Dienstleistungsmerkmalen für den offenen Netzzugang im Amtsblatt. Werden diese Normen von einem Anbieter oder einem Nutzer eingehalten, so wird nach § 34 Abs. 2 TKG vermutet, daß er die grundlegenden Anforderungen für den offenen Netzzugang erfüllt. In engem Zusammenhang hiermit steht das *Entbündelungsgebot*. Der Betreiber eines TK-Netzes muß seine Leistungen gem. § 33 Abs. 1 TKG einschließlich der jeweils erforderlichen Schnittstellen in einer Weise anbieten, daß keine Leistungen abgenommen werden müssen, die nicht nachgefragt werden. Er hat hierbei entbündelten Zugang zu allen Teilen seines TK-Netzes einschließlich der Teilnehmeranschlußleitungen zu gewähren (§ 2 NZV). Schließlich stellt § 3 NZV klar, daß der räumliche Zugang (Kollokation), d.h. die Nutzung einer entbündelten Leistung an der Schittstelle diskriminierungsfrei und zu den Bedingungen ermöglicht werden muß, die sich der Betreiber selbst bei der Nutzung einer solchen Leistung einräumt.

2. *Parallele Anwendungen der Wettbewerbsregeln*

Im Grundsatz stehen die deutschen Regelungen im Einklang mit den Vorgaben der ONP-Richtlinie. Vieles wird aber von der Interpretation des Gesetzes durch die Arbeit der unabhängigen Regulierungsbehörde ab 01.01.1998 abhängen. Nagelprobe werden dabei sicher die Netzzugangsvereinbarungen werden. In diesem Zusammenhang kommt der *parallelen Anwendung der Wettbewerbsregeln* (Artt. 85, 86 EGV) auf Zugangsvereinbarungen im Telekommunikationsbereich besondere Bedeutung zu. Hierzu gibt es inzwischen eine Mitteilung der Kommission[96]. Diese wird auch, und zwar über § 47 GWB, direkten Einfluß auf die Tätigkeit des BKartA haben. Dabei vertritt die Kommission die Auffassung, daß eine Zugangsstreitigkeit vor einer nationalen Regulierungsbehörde innerhalb einer angemessenen Frist, in der Regel nicht später als *sechs Monate*, nachdem die Behörde von dieser Angelegenheit Kenntnis erlangt hat, abgeschlossen werden sollte. Mit Blick auf den Zugang zur *wesentlichen* Einrichtung (essential facilities) stellt die Mitteilung klar, daß ein Diensteanbieter häufig Zugang zu ein oder mehreren Einrichtungen benötigen wird, damit er Dienstleistungen für Endnutzer erbringen kann. So benötigt er beispielsweise den Zugang zu den Abschlußpunkten des TK-Netzes, an das die Endnutzer angeschlossen sind. Dieser Zugang kann auf der physischen Ebene über eine eigene oder eine gemeinsam genutzte lokale Infrastruktur (local loop) erfolgen, die der Anbieter entweder selbst bereitstellt oder von einem anderen mietet. Der Zugang kann auch über einen Diensteanbieter erfolgen, bei dem die Endnutzer bereits Kunden sind, oder über den Anbieter einer Zusammenschaltung, der mittelbaren oder unmittelbaren Zugang zu den betreffenden Netzabschlußpunkten hat.

Zusätzlich zum physischen Zugang wird häufig auch der Zugang zu weiteren Einrichtungen benötigt, wie etwa zur Telefonauskunft oder zu Telefonverzeichnissen. Die entscheidende Frage nach § 33 Abs. 1 TKG lautet, was hier als wesentliche Einrichtung anzusehen ist. Es reicht, so die Kommission, nicht aus, daß die Stellung des Unternehmens, das den Zugang beantragt, bei Gewährung des Zugangs vorteilhafter wäre. Vielmehr muß die Verweigerung des Zugangs dazu führen, daß die beabsichtigten Aktivitäten entweder gar nicht durchgeführt werden können oder auf unvermeidbare Weise in hohem Maße unwirtschaftlich werden.

---

96 Kom (96) 649; dazu *Herbert Ungerer*, Netzzugang aus europäischer Sicht, vom 13.03.1997; Internet-Dokument: http://europa.eu.int/en/comm/dg04/speech/seven/htm/sp97010.htm.

Als möglicher Mißbrauch einer marktbeherrschenden Stellung (Art. 86 EGV) werden in der Mitteilung eine Reihe von Beispielen angeführt, u.a.:
die *Netzkonfiguration* eines beherrschenden Netzbetreibers, die Diensteanbietern den Zugang objektiv erschwert, könnte einen Mißbrauch darstellen, sofern sie nicht sachlich gerechtfertigt ist.

*Kopplungsgeschäfte* (tying) geben dort Anlaß zur Besorgnis, wo sie die Kopplung von Dienstleistungen mit anderen betreffen.

*Zusammenschaltungsentgelte* werden darauf überprüft, ob sie überhöht sind.

Ein marktbeherrschender Anbieter darf zwischen verschiedenen *Netzzugangsmöglichkeiten* nicht diskriminieren.

Einschränkungen der Art oder Ebene in der *Netzhierarchie* sind unmittelbar wettbewerbsrelevant. Dabei kann es sich um Schnittstellensysteme handeln, die festlegen, welche Dienste der den Zugang begehrenden Partei überhaupt zur Verfügung stehen (intelligente Netzfunktionen).

Gleicher Zugang zu strukturell gleichen *Rufnummern* muß in angemessener Zeit realisiert werden.

Schließlich können *Geschäftskundenrabatte* den Netzzugang empfindlich stören, wenn die entscheidungsrelevanten Kosten für den Marktbeherrscher lediglich aus den kurzfristigen variablen Kosten bestehen. Beispiel ist der Streit zwischen der Deutschen Telekom und der Kommission, die durch eine Übereinkunft zwischen der Kommission und dem BMPT im November 1996 beigelegt wurde[97].

Derzeit untersucht die Kommission europaweit, wer eigentlich Eigentümer der TK-Netze und Kabel ist. Dahinter verbirgt sich die Frage nach *wettbewerblichen Allianzen*, die möglicherweise gegen Art. 85 EGV verstoßen.

## 3. GATT/WTO

In diesem Kontext ist schließlich auf die Verhandlungen über die Liberalisierung der Telekommunikation im Rahmen der Welthandelsorganisation (WTO) in Genf zu verweisen. Diese Verhandlungen finden im Rahmen des Allgemeinen Abkommens über den Handel mit Dienstleistungen (GATTS) statt. Verhandelt werden Fragen zum Universaldienst, zur asymmetrischen Regulierung, zur Preisregulierung, zum Lizenzverfahren, zur Interconnection und zur Stellung der Regulierungsbehörde. Obwohl die Verhandlungen nicht abgeschlossen sind, entfalten sie Vorfeldwirkungen. Erste Schätzungen belegen deutliche Kostensenkungen und eine Zunahme des Handels mit TK-Dienstleistungen von ca. 30 % bis zum Jahr 2005[98]. Diese Parallelität von internationalen Regeln, europäischen und nationalen Wettbewerbsre-

---

97 Vertiefend *Ungerer*, aaO, S. 10.
98 *Freytag/Jäger*, aaO, S. 234.

geln sowie den Normen des TKG und der dieses Gesetz ausfüllenden Rechtsverordnungen wird auf die Tätigkeit der ab 01.01.1998 zu schaffenden Regulierungsbehörde erheblichen Einfluß haben. Ein letzter Blick gilt daher ihrer Konzeption.

D. *Regulierungsorganisation*

Der Erfolg des TKG wird entscheidend von der Tätigkeit der Regulierungsbehörde abhängen[99]. Der rechtliche Status und die Ausstattung dieser Behörde war deshalb einer der zentralen rechtlichen Diskussions- und politischen Streitpunkte. Die nun in den §§ 66-84 TKG zum Ausdruck kommende Ausgestaltung der Regulierungsbehörde stellt das Ergebnis eines politischen Kompromisses dar. Nach § 66 Abs. 1 TKG wird die eigenständige Regulierungsbehörde für Telekommunikation und Post als *Bundesoberbehörde* im Geschäftsbereich des Bundesministeriums für Wirtschaft mit Sitz in Bonn errichtet. Damit ist das BMWi der neuen Regulierungsbehörde übergeordnet und kann ihr zumindest allgemeine Weisungen (§ 66 Abs. 1, Abs. 5 TKG) erteilen. Da der Bund etwa 80 % an der Deutschen Telekom hält, besteht ein unauflöslicher Interessenkonflikt zwischen Kontrolleur und Kontrollierten. Dieser Interessenkonflikt wurde im Gesetzgebungsverfahren erkannt und hätte durch Schaffung einer obersten Bundesbehörde oder aber einer eigenständigen Anstalt des öffentlichen Rechts gelöst werden können. Beiden Forderungen wurden nicht entsprochen. Die Einrichtung einer unabhängigen Anstalt des öffentlichen Rechts hätte wohl einer Verfassungsänderung bedurft, für die Einrichtung einer obersten Bundesbehörde fand sich nicht die politisch Mehrheit. Zur Stärkung der Unabhängigkeit der Regulierungsbehörde wurden statt dessen – in Anlehnung an die institutionelle Stellung des Bundeskartellamtes – *Beschlußkammern* mit den §§ 71 ff. TKG genannten Zuständigkeitsbereichen eingerichtet. Auf diese Weise ist die institutionelle Unabhängigkeit der Regulierungsbehörde nicht gesichert, vor allem Art. 7 der Diensterichtlinie[100] verlangt ausdrücklich eine »von den Fernmeldeorganisationen unabhängige Einrichtung«. Dies ist, angesichts der Eigentümerinteressen des Bundes an der Deutschen Telekom, die neue Regulierungsbehörde nicht. Insoweit muß die Bundesrepublik Deutschland mit einem Vertragsverletzungsverfahren rechnen. Der Hinweis darauf, daß auch das Bundeskartellamt als Bundesoberbehörde eingerichtet ist, verfängt nicht. Das Bundeskartellamt hat kei-

---

99 *Ulmen/Gump*, Die neue Regulierungsbehörde für Telekommunikation und Post, CR 1997, 396 ff.; *Leo/Schellenberg*, Die Regulierungsbehörde für Telekommunikation und Post, ZUM 1997, 188 ff.
100 90/388/EWG.

ne sektorale Regulierungsaufgabe, der Interessenkonflikt zwischen Kontrolleuren und Kontrollierten besteht insoweit nicht.

Schließlich ist auf *zwei weitere konzeptionelle Schwächen* des Regulierungsmodells zu verweisen. Zum einen ist die Zusammenarbeit mit dem Bundeskartellamt in § 82 TKG nur angedeutet. Nur bei der Lizenzvergabe nach § 11 Abs. 3 TKG entscheidet die Regulierungsbehörde im Einvernehmen mit dem BKartA. Ansonsten sollen sich beide Behörden gegenseitig Gelegenheit zur Stellungnahme geben und auf eine einheitliche, den Zusammenhang mit dem GWB wahrende Auslegung des Gesetzes hinwirken. Sie haben einander Beobachtungen und Feststellung mitzuteilen, die für die Erfüllung der beiderseitigen Aufgaben von Bedeutung sein können. Damit sind Konflikte vorprogrammiert, vor allem auch wegen des unterschiedlichen Selbstverständnisses beider Behörden. Während es dem Bundeskartellamt traditionell um die Sicherung von Marktfreiheiten geht, wird bei der aus dem Bundespostministerium hervorgehenden neuen Regulierungsbehörde, der die Deutsche Telekom AG bewahrende und gegenüber Wettbewerb absichernde Regulierungsansatz im Vordergrund stehen. Es wird eine Zeitlang brauchen, bis sich die Normen des TKG auch gegen die Regulierungsmentalität der eigenen Regulierungsbehörde wird durchsetzen können. Der Gesetzgeber hätte mehr tun können, Vorschläge gab es genug[101]. Aus heutiger Perspektive wäre es immer noch möglich einiges zu tun. So könnte es beispielsweise sinnvoll sein, entscheidende Positionen in der neuen Regulierungsbehörde mit »gestandenen« Mitgliedern des Bundeskartellamts zu besetzen und die dort freiwerdenden Stellen mit Mitgliedern des derzeitigen BMPT aufzufüllen. Lösungen dieser Art könnten auch zeitlich befristet zur Qualifikation denkbar sein.

Der *zweite* organisationsrechtliche *Mangel* ist noch grundlegenderer Natur. Er betrifft die Frage der Überflüssigkeit zumindest jener Tätigkeitsbereiche der Regulierungsbehörde, die darauf zielen, funktionsfähigen Wettbewerb auf Telekommunikationsmärkten herzustellen. In der ökonomischen Literatur wird erwartet, daß der sektorspezifische Regulierungsbedarf in der Telekommunikation in naher Zukunft wegfallen wird[102]. Auch Bruno Lassere, Chef der französischen Regulierungsbehörde, spricht von den drei Lebensabschnitten des Regulators. Zuerst streitet er als Anwalt für mehr Wettbewerb und kämpft mit dem alten Monopolunternehmen. Im zweiten Lebensabschnitt, wenn Wettbewerber auf den Markt kommen, ist er Wirtschaftsprüfer, der die Bücher der Unternehmen kontrolliert, um sicherzustellen, daß keiner betrügt. Zuletzt, wenn der Wettbewerb funktio-

---

101 So die Vorschläge der Monopolkommission im Sondergutachten 24, S. 20 ff.; ferner *Mestmäcker/Witte*, Gutachten zur Zuständigkeit für die Verhaltensaufsicht nach dem 3. und 4. Teil des Referentenentwurfs für ein Telekommunikationsgesetz, Hamburg und München, 22.11.1995; WCP-Weißbuch, November 1996, passim.
102 *Blankert/Knieps*, aaO., S. 24.

niert und das Wettbewerbs- und Kartellrecht und die Gerichte die Marktordnungsfunktion übernehmen, endet das Leben des Regulierers[103]. Diesen Anforderungen entsprach die Konzeption der deutschen Treuhandanstalt, sie sind im TKG auch nicht andeutungsweise verwirklicht. Zwar soll die Monopolkommission nach § 81 Abs. 3 TKG in ihren Berichten darlegen, ob die Regelungen zur Entgeltregulierung weiterhin erforderlich sind. Immerhin ist damit ein Kernbereich des Gesetzes angesprochen, ohne daß Konsequenzen für den Fall der Überregulierung vorgesehen wären. So gibt es denn einen immanenten Anreiz für die Regulierungsbehörde, die marktbeherrschende Position der Deutschen Telekom abzusichern, weil dies zugleich ihre eigene Existenz auf Dauer legitimiert. Damit aber verstößt die Regulierungskonzeption des deutschen Gesetzes nicht nur gegen Art. 59 EGV, sondern auch gegen das Binnenmarktgebot (Art. 3 lit. g, 3a; 5 Abs. 2 EGV). Dennoch, der »Tod des Handlungsreisenden« wird wohl noch eine Weile auf sich warten lassen.

## E. Zusammenfassung

Die Umsetzung einer Vielzahl von Gemeinschaftsrichtlinien durch das deutsche Telekommunikationsgesetz (TKG) ist zwar in den Grundzügen gelungen. Es bleibt aber der Eindruck, daß zuviel Regulierung durch Liberalisierung entstanden ist.

(1) Problematisch ist die generelle *Lizenzpflicht* für Netzbetreiber und Telefondienst. Hier könnte wie im Bank- und Versicherungsrecht eine Anmeldung verbunden mit einer nachträglichen Mißstandsaufsicht genügen. Soweit die Lizenzvergabe Konkurrenten aus dem europäischen Ausland behindert, kommt ein Verstoß gegen Art. 59 EGV in Betracht. Das gilt nicht im Bereich von knappen Funkfrequenzen.

(2) *Universaldienstleistungen* müssen flächendeckend angeboten werden. Es handelt sich vor allem um den Telefondienst in ISDN-Qualität. Bei einer in Deutschland bestehenden Anschlußdichte im Telefonbereich um ca. 98 % spricht viel dafür, daß Universaldienste im Rahmen des normalen Marktgeschehens, d.h. ohne staatlichen Eingriff, ausreichend und angemessen erbracht werden. Kernfrage wird sein, ob der vorgegebene *erschwingliche Preis* (Stichtag 31.12.1997) europarechtlich haltbar ist. Dagegen spricht, daß dieser Preis auch die Nachfrage umfaßt, die nichts mehr mit Grundversorgung zu tun hat.

---

103 Zitiert nach WCP-Weißbuch 1996, S. 13.

Die *Universaldienstleistungsabgabe* (§ 21 TKG) könnte verfassungsrechtliche Probleme aufwerfen. Ähnlich wie beim Kohlepfennigbeschluß des Bundesverfassungsgerichts vom 11.10.1994 stellt sich auch hier die Frage, ob es sich wirklich um eine Abgabe oder nicht vielmehr um eine verdeckte Steuer handelt. Aus der Sicht europäischer Unternehmen, die in Zukunft Telefondienste im deutschen Markt anbieten wollen, dürfe es nicht abwegig sein, darüber nachzudenken, ob diese Regelungen mit der Dienstleistungsfreiheit des Art. 59 EGV in Einklang stehen.

(3) Das TKG hat in § 25 Abs. 1 für marktbeherrschende Unternehmen, also die Deutsche Telekom, eine *Entgeltregulierung* vor allem für den Sprachtelefondienst und die Übertragungswege eingeführt. Diese *sektorspezifische* Regulierung unterscheidet sich von der nachträglichen Mißbrauchskontrolle nach § 22 Abs. 4 GWB. Ob und wieweit sie mit den Grundsätzen der Dienstleistungsfreiheit (Art. 59 EGV) in Einklang zu bringen ist, wird eine besonders sensibel zu prüfende Frage sein. Die Monopolkommission muß in ihren Berichten jeweils darlegen, ob die Regelungen zur Entgeltregulierung weiterhin erforderlich sind (§ 81 Abs. 3 TKG). Entgeltregulierung ist jedenfalls im Bereich *nicht angreifbarer Teilmärkte* (bottlenecks) erforderlich. Aktuelles Beispiel sind die Ortsnetze (local loop), bei denen Bündelungsvorteile, etwa bei der Kabelverlegung, bewirken, daß in der Regel nur ein Anbieter aktiv ist. Die irreversiblen, also unwiederbringlichen, Kosten (sunk costs) der erdgebundenen Kabelnetze führen dazu, daß der marktbeherrschende Anbieter lediglich mit den kurzfristigen variablen Kosten konkurrieren kann. Das verhindert den Markteintritt von Newcomern dauerhaft, da diese keine Möglichkeit haben, die Fixkosten für neue Kabel im Wettbewerb zu verdienen. Die im Bereich der Ortsnetze verfügbare Marktmacht muß also effektiv reguliert werden, um funktionsfähigen Wettbewerb sicherzustellen. Das hierfür vom deutschen Gesetzgeber in Anlehnung an britische und amerikanische Vorbilder, entwickelte Price-Cap-Modell ist im Grundsatz dann hinnehmbar, wenn das Ausgangspreisniveau stimmt.

(4) Gretchenfrage für funktionsfähigen Wettbewerb auf Telekommunikationsmärkten ist offener *Netzzugang und Zusammenschaltung*. Dafür sorgt das deutsche Recht jedenfalls gegenüber marktbeherrschenden Unternehmen (§§ 35, 37 TKG). Für den Marktzugang zu *Schnittstellen* wird auf europäische Standards verwiesen (§ 34 TKG). In § 33 TKG wird das *Entbündelungsgebot* angedeutet. Den diskriminierungsfreien räumlichen Zugang zur Schnittstelle (*Kollokation*) gewährt § 3 NetzzugangsVO.

(5) Von großer Bedeutung für die Praxis wird die *parallele Anwendung der Wettbewerbsregeln* (Art. 85-90 EGV) werden. Die Kommission hat bereits

in einer Mitteilung eine Reihe von Beispielen gebracht, in denen sie einen Verstoß gegen Art. 86 EGV als naheliegend ansieht. Hier wird es zu einer fruchtbaren Auseinandersetzung zwischen der Kommission und der Regulierungsbehörde kommen.

(6) Die *Regulierungsorganisation* ist in Deutschland nur bedingt gelungen. Die Regulierungsbehörde (§ 66 TKG) ist entgegen der Forderung von Art. 7 Diensterichtlinie nicht institutionell unabhängig. Sie ist als Bundesoberbehörde im Geschäftsbereich des Bundesministeriums für Wirtschaft errichtet und damit weisungsunterworfen. Da der Bund etwa 80 % an der Deutschen Telekom hält besteht ein unauflöslicher Interessenkonflikt zwischen Kontrolleur und Kontrollierten. Insoweit muß die Bundesrepublik Deutschland mit einem Vertragsverletzungsverfahren rechnen.

Hierneben spricht einiges dafür, daß der sektorspezifische Regulierungsbedarf in der Telekommunikation in naher Zukunft wegfallen wird. Auf diesen Fall ist die Regulierungsbehörde durch das TKG nicht vorbereitet. Es fehlt eine Regelung, die die Auflösung der Teile der Behörde, die wettbewerbsbezogen arbeiten, vorsieht. In der jetzigen Konzeption gibt es einen immanenten Anreiz für die Regulierungsbehörde, die marktbeherrschende Position der Deutschen Telekom abzusichern, weil dies zugleich ihre eigene Existenz auf Dauer legitimiert. Damit verstößt die Regulierungskonzeption sowohl gegen Art. 59 EGV als auch gegen das Binnenmarktgebot (Art. 3a EGV).

*F. Summary*

The subscription opens with a look back at the history of communication and telecommunication, and at the technical evolution, which has given rise to the need for liberalization in the telecommunications sector. Then it will delineate several international liberalization models and the development of telecommunications policy in the European Community.

In the U.S., the development from monopoly position AT & T enjoyed to a more liberal environment was led by decisions of U.S. courts and the FCC granting competitors access to important parts of the market. Now, the Telecommunications Act of 1996 uses regulation as a tool for opening the market to competition. Regulation will have to withdraw when a competitive market place has evolved. But competition will only develop when the companies are under an obligation to enable the customer to change providers easily.

In 1987, the Commission of the EC issued a Green Paper on Telecommunications containing a frame for the regulatory reform of the telecommunications sector. The policy of this Green Paper has been put in place by several Directives and other measures to open the telecommunication markets. These numerous Directives have been transformed into German law by the *Telekommunikationsgesetz* (German Telecommunications Act – TKG) and several supplementary Orders. This adaption can generally be considered welldone. Still, the general obligation for network providers and telephone services to hold a license is problematic. Here, registration and subsequent control of grievances would be sufficient. Should the issuance of licenses in practice impede competitors from other EC countries, Art. 59 Treaty of Rome might be violated. However, the case of radio frequencies is different. The shortage of frequencies necessitates and justifies a procedure under which an operator is chosen from several applicants. This might as well be handled in the form of a licensing procedure.

Universal services, mainly the telephone service in ISDN standard, must be offered at an affordable price. Since about 98 % of all households in Germany have telephone access, it may be presumed that a free market will lead to sufficient and appropriate prices in this area, without regulatory interference. The universal services contribution provided for in § 21 TKG might raise constitutional problems. This case is quite similar as the one in the Kohlepfennig decision of the Federal Constitutional Court [104]. Also as far as the universal service contribution is concerned it seems doubtful that this is really a special contribution and not an unconstitutional tax.

§ 25 Para. 1 TKG has introduced price regulation mainly with regard to voice telephony and trunk lines offered by a company controlling the market, i.e. the German Telekom. This regulation of a specific sector differs from the normal abuse of a dominant position under § 22 Para. 4 GWB. It will have to be examined carefully if and in how far the regulation complies with the principles of Freedom of Services (Art. 59 Treaty of Rome).

Under § 81 Para. 3 TKG, the German Monopoly Commission has to point out in its regular reports whether the fee regulation are still necessary. Fee regulation is required in the case of bottlenecks, i.e. segments of the market which new providers cannot get access to, for example the local loops. Usually only one provider is giving access to the local loop because the infrastructure can most effectively be installed at reasonable prices by one operator servicing the area on an exclusive basis. The dominant provider who has already installed the network does not have to include these costs in the fee calculation. A new competitor would have to set up and

---

104 Of October 11, 1994. The *Kohlepfennig* was raised as a special contribution by the energy companies from the customers to finance the use of coal in the energy production process. Such a special contribution (*Sonderabgabe*) is only constitutional if a limited circle of people has to pay it and if these people benefit directly from the support of the service financed with the special fee. Here, basically everyone had to pay this fee, without benefitting specifically from the use of the coal. This was not a special fee but a tax and thus unconstitutional.

finance the infrastructure. He could not compete with the prices of an incumbent, since he would have to include the equivalent costs in his fee calculation for components which are financed by the incumbent with sunk costs. This requires effective regulation with respect to local loops to ensure a functioning market. The price cap which German legislation has developed using British and American models is acceptable if the initial price level is correct.

The crucial questions for functioning competition on telecommunication markets are free access to the net and interconnection. German law provides for these prerequisites at least with regard to dominant providers (§§ 35, 37 TKG). For the definition of the interface, German law refers to European standards (§ 34 TKG). § 33 TKG indicates an unbundling requirement. § 3 Network Access Order (*NetzzugangsVO*) grants non-discriminatory, free local access to the network of a dominant provider.

The parallel applicability of general competition law (Art. 85 to 90 Treaty of Rome) will obtain great pracitical relevance. In a report, the Commission has already given a number of examples for circumstances in which Art. 86 Treaty of Rome is probably violated. This will result in an interesting discussion between the Commission and the national regulatory authorities.

The regulatory structure in Germany – though pro-competitive in a number of ways – should be criticised for number of reasons. Under § 66 TKG, the Regulatory Authority is not institutionally independent as required by Art. 7 Services Directive. As a federal superior authority (*Bundesoberbehörde*), it is under the supervision of the Federal Ministry of Economy and is bound by its orders.

There are indications that the »specific need for regulation in the telecommunications sector« might cease to exist in the near future. The TKG does not prepare the regulator for this case. No rule provides for the dissolution of those parts of the authority that aim at opening the market to competition. The current concept contains an incentive for the Regulatory Authority to ensure the dominant position of the German Telekom, as this also legitimizes its own existence. Thus, the regulative concept violates Art. 59 Treaty of Rome as well as the obligation to create one European domestic market (Art. 3a Treaty of Rome).

# Rechtsfragen des Zugangs zu Telekommunikationsmärkten

*von Rechtsanwältin Dr. Natalie Lübben[1], Berlin*

## A. Einleitung

Marktzugangsregulierung ist ein schwieriges Geschäft. Eine Vielzahl regulatorischer Entscheidungen kommt auf die neue Regulierungsbehörde zu, die am 1. Januar 1998 ihre Arbeit aufnehmen wird. Bis dahin ist es das Bundesministerium für Post und Telekommunikation (BMPT), das die Weichen für die Marktöffnung durch Regulierungsentscheidungen stellt.

Wir haben in unserem Weißbuch vom November 1996 10 Vorschläge zur Regulierungsbehörde gemacht. Anscheinend haben wir damit einen Nerv getroffen. Jedenfalls hagelte es harsche Kritik von Seiten des Bundesministers Bötsch. Sehr positive Reaktionen kamen dagegen aus der Wirtschaft, aber auch aus Parlaments- und Regierungskreisen.

Neben der deutschen Regulierungsbehörde spielt aber auch die Europäische Kommission eine wichtige Rolle bei der Regulierung des Marktzugangs. Die Kommission ist die treibende Kraft bei der Öffnung der Telekommunikationsmärkte in den Mitgliedstaaten gewesen und sie ist es nach wie vor.

Ohne die von der Kommission seit der zweiten Hälfte der 80er Jahre eingeleiteten Marktöffnungsmaßnahmen hätten wir in Deutschland zwar vielleicht nicht unbedingt urplötzlich unsere Städte verlassen und wären auf die Entwicklungsstufe des Stammeslebens zurückgefallen wie die von Herrn Professor Schwintowski erwähnten Mayas.

Vielleicht hätten wir aber heute noch immer die Telefonapparate und Anrufbeantworter der staatlichen Bundespost, die sich hier kaum jemand leisten konnte – die aber in den USA zu einem Bruchteil des Preises zu erstehen waren. Ob dies noch so wäre, läßt sich schwer sagen. Jedenfalls wage ich zu behaupten, daß wir ohne den Druck der Europäischen Kommission heute noch kein Telekommunikationsgesetz hätten, das einen chancengleichen und funktionsfähigen Wettbewerb zum Ziel hat.

Im Zeitalter der Globalisierung überrascht es kaum, daß sowohl England als auch die USA mit ihren weit fortgeschrittenen Regulierungserfahrungen Einfluß auf die regulatorischen Entwicklungen in Deutschland haben.

---

1 *Partner, Wilmer, Cutler & Pickering*, Friedrichstraße 95, D-10117 Berlin.
  E-mail: nluebben@wilmer.com

So ist zum Beispiel das englische Preisregulierungsmodell mit seinen Price caps Vorbild für die deutsche Entgeltregulierung gewesen.

Die USA mit ihrer langen Marktöffnungstradition haben nicht nur Vorbildfunktion. Die amerikanische Regierung beeinflußt auch ganz aktiv den Zugang zu deutschen Telekommunikationsmärkten – natürlich vor allem im Interesse amerikanischer Unternehmen. Dazu ein aktuelles Beispiel:

## I. Zulassung von Wiederverkäufern

Vorige Woche ging eine Meldung durch die Zeitungen, daß die Deutsche Telekom mit einem relativ kleinen amerikanischen Anbieter (ACC Corp., Rochester, New York[2]) einen Vertrag über den Wiederverkauf von Sprachtelefondiensten abgeschlossen hat[3]. Soweit aus den Zeitungsmeldungen ersichtlich kauft ACC nach dieser Vereinbarung größere Mengen an Telefondiensten, die die Telekom bereitstellt, und verkauft sie eigenen Kunden weiter. Der ACC-Telefonkunde hat also eine Vertragsbeziehung mit ACC und erhält gleichzeitig von der Telekom den gleichen Telefondienst wie bisher. Ein solches Modell ist in Deutschland bisher vor allem aus dem Mobilfunksektor bekannt, wo z.B. Debitel oder Talkline bekannte Reseller von Mobilfunkdiensten sind. Aus rechtlicher Sicht ist an dieser Meldung folgendes bemerkenswert:

- Erstens, daß dies das erste Mal ist, daß die Telekom einen solchen Vertrag abgeschlossen hat. Traditionell vermarktet sie ihre Dienste nämlich selbst und wollte dies an sich auch weiterhin tun.
- Zweitens, daß die Deutsche Telekom einen amerikanischen Diensteanbieter ausgewählt hat.
- Drittens die Preise, welche die Deutsche Telekom ACC einräumt (laut Meldung 24% Rabatt, es war jedoch auch schon von 35% Rabatt auf die Endkundenpreise die Rede) und die Preise, zu denen ACC seinen Kunden Telefondienste anbietet (bis zu 20% unter den normalen Endkundentarifen der Telekom). Zielkunden sind vor allem kleine Unternehmen, die nicht unter die Großkundenrabatte der Telekom fallen (unter 5.000 DM pro Monat)[4].

---

2 Laut Handelsblatt vom 26.5.1997, S. 17, erreichte die ACC Corp. 1996 mit durchschnittlich 835 Mitarbeitern einen Umsatz von 308,8 (188,9) Mill. $ und einen Nettogewinn von 7,8 (Verlust von 5,4) Mill. $. Vom Umsatz des gesamten Konzerns entfielen 38% auf Kanada, 32% auf die USA und 30% auf Großbritannien.
3 Financial Times, 20.5.1997, S. 7 (englische Ausgabe), S. 22 (Europaausgabe); Handelsblatt, 21.5.1997, S. 19.; Handelsblatt 26.5.1997, S. 17.
4 Handelsblatt, 26.5.1997, S. 17.

*1. Keine Regelung zum Wiederverkauf im deutschen Recht*

Das neue deutsche Telekommunikationsgesetz enthält zum Wiederverkauf keine ausdrückliche Regelung. Zwar gibt es eine Vorschrift, nach der ein marktbeherrschender Anbieter Wettbewerbern den Zugang zu seinen am Markt angebotenen wesentlichen Leistungen zu den Bedingungen ermöglichen muß, die er sich selbst einräumt. Dies muß er aber nur »diskriminierungsfrei« und wenn nicht die Einräumung ungünstigerer Bedingungen sachlich gerechtfertigt ist (§ 33 Abs. 1 TKG).

Diese Vorschrift könnte man zwar unter Umständen als Anspruch auf Zulassung von Wiederverkauf auslegen. Dabei stellt sich aber die Frage, welche Leistungen sind wesentlich und wann ist die Einräumung ungünstigerer Bedingungen sachlich gerechtfertigt.

Entscheidend aus der Sicht von Wiederverkäufern oder Resellern ist jedoch, daß es keine Regelung zur Preisgestaltung gibt, die marktbeherrschende Anbieter verpflichtet, ihnen Kapazität zu Großhandelspreisen (d.h., zumindest Abschläge für Einsparungen im Marketing, Billing und Administrieren) zu verkaufen. Denn nur dann können Wiederverkäufer den Endverbrauchern das Produkt zu wettbewerbsfähigen Preisen im eigenen Namen und auf eigene Rechnung anbieten.

*2. Die amerikanische Auffassung zum Resale*

Anders verhält es sich im amerikanischen Recht. Der im vorigen Jahr erlassene Telecommunications Act 1996 verpflichtet die sogenannten Incumbents (dies sind die bis dato mit Monopolrechten ausgestatteten Ortsnetzbetreiber – sog. Baby Bells) dazu, Telefondienste zu Großhandelspreisen an Reseller anzubieten (47 U.S.C. § 251 (c) (4)).

Die amerikanische Regierung erkennt zwar an, daß »basic switched voice resale« den Wettbewerb nicht in demselben Maße fördert wie Infrastrukturwettbewerb. Sie hält den Wiederverkauf von Telefondiensten aber für einen bedeutsamen Zwischenschritt auf dem Weg zu funktionierendem Wettbewerb. Deshalb drängt sie seit längerem darauf, daß die Deutsche Telekom ihre Dienste auch über Reseller – also Wiederverkäufer – vermarktet. Und die amerikanische Regulierungsbehörde FCC (Federal Communications Commission) hat auch regulativ über das mit der Deutschen Telekom im Joint Venture Global One verbundene Unternehmen Sprint ein Druckmittel gegenüber der Telekom, um dies durchzusetzen.

So enthält die Entscheidung der FCC zum Global One Joint Venture vom Dezember 1995 unter anderem die Bedingung, daß die Möglichkeit zum Weiterverkauf von Sprachtelefondiensten besteht. Erst wenn die FCC feststellt, daß US-Unternehmen in Deutschland Telefondienste der Deutschen

Telekom zu nichtdiskriminierenden Bedingungen weiterverkaufen können, darf Sprint neue Leitungen von den USA nach Deutschland und Frankreich in Betrieb nehmen[5]. Es erscheint sehr wahrscheinlich, daß wir diesem externen Druck den von der Financial Times als »ground-breaking deal« bezeichneten Vertrag zwischen der Telekom und ACC zu verdanken haben.

## 3. Die Preisfrage

Ist dies Marktöffnung? Für ACC ja. Das Unternehmen kann in Deutschland eigene Kundenbeziehungen aufbauen und eine wohl eher bescheidene Marge realisieren. Doch gleichzeitig erschwert dieses Geschäft den Marktzutritt in Deutschland für neue Netzbetreiber, die gerade die Geschäftskunden im Visier haben. ACC wird die Dienste der Deutschen Telekom kleinen Unternehmen besonders billig anbieten können, ohne eigene Investitionen in Infrastruktur vornehmen zu müssen.

Billige Angebote gezielt für Geschäftskunden können sich aus der Sicht der neuen Netzbetreiber als mißbräuchliche Preisgestaltung darstellen. Gerade dieses Marktsegment ist – neben Großkunden – nämlich dasjenige, auf das auch die neuen Anbieter zielen. Im Unterschied zu ACC müssen sie aber erst große Summen in den Infrastrukturaufbau investieren. Die neuen Anbieter geraten daher in eine Preiszange, die ihnen den Marktzugang erschwert.

Die Großkundenrabatte der Deutschen Telekom haben dies im vergangenen Jahr schon gezeigt. Sie zielten genau auf das Marktsegment, das neue Anbieter über die frühe Liberalisierung von Corporate Networks bedienen konnten. Erst nach diversen Zugeständnissen der Telekom und des BMPT stimmte die Kommission der Einführung der »Dial and Benefit« Tarife zu [6]. Marktzugangsregulierung zugunsten von Wiederverkäufern wie ACC kann so für neue Netzbetreiber den Marktzugang versperren.

## 4. Zugang für andere eröffnet?

Es ist aber durchaus auch denkbar, daß Wettbewerber die Resale-Vereinbarung von ACC und der Telekom zu ihren Gunsten nutzen können. Sie könn-

---

[5] FCC Declaratory Ruling and Order in the matter of Sprint Corp., 11 FCC Rcd. 1850, 1996 WL 14128, FCC 95-498, adopted December 15, 1995, released January 11, 1996, ¶¶ 112-115.

[6] Zu den Einzelheiten des Verfahrens der Kommission vgl. *Ungerer*, Weitere Liberalisierung aus Sicht der Kommission, Rede bei Euroforum, Bonn, 4.9.1996, http://europa.eu.int/en/ comm/dg04/speech/six/htm/sp96045.htm.

ten nämlich auf die Idee kommen, von der Telekom eine gleichartige Vereinbarung zu verlangen. Insbesondere die neuen Netzbetreiber wie Viag Interkom, Arcor und o.tel.o könnten – vor allem in der Phase des Aufbaus ihres eigenen Netzes – den Wiederverkauf von Telekom-Kapazität als Instrument für einen schnellen und leichteren Markteinstieg nutzen[7]. Auf diese Weise würden sie schnell eigene Kunden gewinnen, die sie später an ihr eigenes Netz anschließen, wenn es weiter ausgebaut ist.

Kann die Deutsche Telekom dies verweigern? Dies ist nun eine Frage der Auslegung der bereits erwähnten Vorschrift § 33 TKG. Meines Erachtens läßt sich die These vertreten, daß die neuen Netzbetreiber gegen die Telekom einen Anspruch auf Zulassung als Wiederverkäufer zu gleichen Bedingungen wie ACC haben:

- *Marktbeherrschung.* Zweifellos ist die Telekom marktbeherrschend auf dem Markt für öffentliche Sprachtelefonie. Bis Ende dieses Jahres hat sie sogar noch das ausschließliche Recht, diese Dienste anzubieten (§ 92 Abs. 2, § 100 Abs. 1 Satz 4 TKG, § 1 Abs. 4 FAG).

- *Wettbewerber.* Die neuen Netzbetreiber sind Wettbewerber auf diesem Markt. § 33 TKG trifft insbesondere keine Unterscheidung zwischen Wettbewerbern, die nur auf abgeleiteten Märkten tätig sind (das wären hier reine Diensteanbieter ohne eigenes Netz) und Wettbewerbern, die auch auf dem Markt für Telekommunikationsnetze tätig sind.

- *Diskriminierungsfreier Zugang zu am Markt angebotenen Leistungen.* Das marktbeherrschende Unternehmen muß den Wettbewerbern diskriminierungsfrei den Zugang zu seinen am Markt angebotenen Leistungen zu den Bedingungen ermöglichen, die er sich selbst bei der Nutzung dieser Leistungen für die Erbringung anderer Dienstleistungen einräumt. Dieses besondere Diskriminierungsverbot wiederum können die Anspruchsteller als Grundlage dafür anführen, daß sie die gleichen Bedingungen, insbesondere den Preis, erhalten müssen, den ACC von der Telekom bekommt.

- *Zugang zum Telefondienst als wesentliche Leistung?* Der Knackpunkt ist die Wesentlichkeit der Leistungen. Der Begriff der »wesentlichen« Leistungen ist im TKG nicht definiert. Er geht auf die ursprünglich im ame-

---

7 Die FCC deutet diese Möglichkeit in ihrer Entscheidung vom 15.12.1995 zum Global One JV auch an: »In particular, basic switched voice resale competition essentially would allow competitors to compete for customers at every level with FT (France Telecom) and DT (Deutsche Telekom), including for public switched voice customers. Competitors of FT, DT and the Joint Venture would then have the opportunity to market themselves, as only FT and DT now can, as ›full service‹ providers«., 11 FCC R. 1850, ¶ 113.

rikanischen Recht entwickelte »essential facilities« Doktrin zurück [8], die auch in das europäische Kartellrecht (insbesondere Hafenentscheidungen[9]) und zu einem geringeren Grad auch in das deutsche Kartellrecht (insbesondere Durchleitungsfälle[10]) Eingang gefunden hat. § 33 TKG statuiert damit einen Kontrahierungszwang, beschränkt ihn aber auf solche Leistungen, die sich der Nachfrager nur durch Vertragsschluß mit dem marktbeherrschenden Unternehmen, nicht aber anderweitig beschaffen kann.

8 Die »essential facilities«-Doktrin ist im amerikanischen Recht eine der Fallgruppen verbotener Monopolisierung iSd. Sec. 2 Sherman Act. Im Grundsatz beschränkt der Sherman Act zwar nicht die Freiheit der Auswahl der Geschäftspartner. Davon gibt es jedoch zwei Ausnahmen. Eine davon ist die essential facilities-Doktrin, nach der eine Geschäftsabschlußverweigerung dann als verbotene Monopolisierung angesehen wird, wenn (1) ein Monopolunternehmen eine Einrichtung kontrolliert, (2) die Duplizierung dieser Einrichtung durch einen Wettbewerber unmöglich ist, (3) das Monopolunternehmen sich weigert, die Benutzung dieser Einrichtung durch Wettbewerber zu gestatten, (4) obwohl eine solche Benutzung praktikabel wäre und die Benutzung durch den Inhaber nicht beeinträchtigen würde (vgl. *Markert*, in: Festschrift für Mestmäcker, 1996, S. 661, 664f. m.H.a. MCI v. AT&T, 1982-83 Trade Cases, § 65, 137, S. 71, 391).

9 Entscheidung v. 11.6.1992 – B&I/Sealink (Holyhead), in: XXII, WB 1992, Tz. 219 (nicht im ABl. veröffentlicht); Entscheidung v. 21.12.1993, ABl. 1994 Nr. L 15/8 – Sea Containers/Stena Sealink; Entscheidung v. 21.12.1993, ABl. 1994, Nr. L 55/52 – Hafen von Rodby. In der B&I/Sealink (Holyhead) Entscheidung stellt die Kommission fest, daß »ein marktbeherrschendes Unternehmen, das eine wesentliche Einrichtung, d.h. eine Einrichtung oder Infrastruktur, ohne deren Nutzung ein Wettbewerber seinen Kunden keine Dienste anbieten kann, besitzt oder kontrolliert und selbst nutzt und seinen Wettbewerbern den Zugang zu dieser Einrichtung oder Infrastruktur verweigert oder nur unter den Bedingungen, die ungünstiger sind als für seine eigenen Dienste, gewährt und damit seine Wettbewerber in eine nachteilige Wettbewerbssituation zwingt, verstößt gegen Art. 86, sofern auch die übrigen Voraussetzungen dieser Vorschrift erfüllt sind«. Diesen Grundsatz wiederholt die Kommission in der Sea Container/Stena Sealink-Entscheidung, stellt klar, daß das Unternehmen für die Gestellung einer wesentlichen Einrichtung marktbeherrschend sein muß und führt aus: »Der Eigentümer einer wesentlichen Einrichtung, der seine Macht auf dem Markt dazu nutzt, seine Stellung auf einem anderen, zu diesem in Bezug stehenden Markt zu stärken, indem er insbesondere einem Wettbewerber den Zugang verweigert oder den Zugang unter weniger günstigen Bedingungen als für seine eigenen Dienste gewährt und damit seinem Wettbewerber einen Wettbewerbsnachteil aufzwingt, verstößt gegen Art. 86.« (ABl. 1994 Nr. L 15/16).

10 Vgl. BGH WuW/E 2953, 2958 ff. – Gasdurchleitung; diese Entscheidung stützte sich allerdings nicht auf §§ 22, 26 Abs. 2 GWB, sondern auf die Sonderregelung des § 103 Abs. 5 S. 2 Nr. 4 GWB. Ausdrücklich ist im deutschen Recht keine essential facilities Doktrin verankert. Aus der Rechtsprechung des BGH zu einem kartellrechtlich begründeten Kontrahierungszwang vgl. WuW/E BGH 2535 – Lüsterbehangsteine. In diesem Fall ging der BGH von einer grundsätzlichen Verpflichtung eines marktbeherrschenden Herstellers von Lüstersteinen aus, ein Unternehmen zu beliefern, das aus diesen Lüstersteinen Geschenkartikel herstellte.

Die Leistungen dürfen also nicht duplizierbar sein. Der Grund für diese Einschränkung liegt in dem Zweck des Gesetzes, eine wettbewerblich geprägte Marktstruktur zu schaffen, ohne die Abschlußfreiheit des marktbeherrschenden Unternehmens mehr als im Interesse des Regulierungszieles notwendig zu beschränken.
- *Argumente gegen Wesentlichkeit.* In den nach europäischem Kartellrecht entschiedenen Fällen ging es um Unterfälle der mißbräuchlichen Geschäftsabschlußverweigerung, in denen die Duplizierung der »wesentlichen« Einrichtung kaum denkbar war (z.B. Hafenfälle). Gegen die Annahme einer Wesentlichkeit spricht hier daher vor allem, daß die neuen Telefongesellschaften mit ihrer Lizenz gerade das Recht erhalten haben, vom 1.1.1998 an Telefondienste über selbst betriebene Netze anzubieten.
- *Übergangsweise Wesentlichkeit.* Argumente für eine zumindest vorübergehende »Wesentlichkeit« können die neuen Anbieter möglicherweise aus der Aer Lingus-Entscheidung der Kommission zum Interlining herleiten. In dieser Entscheidung deutete die Kommission an, daß unter Umständen auch für eine bestimmte Übergangszeit, etwa in der Phase des Neueintritts in einen Markt, eine bestimmte Einrichtung als »wesentlich« angesehen werden kann (dort ging es um die Weigerung von Aer Lingus, British Midland Interlining auf der Strecke von London nach Dublin zu ermöglichen[11]).
- *Mögliche Argumentation der neuen Telefonnetzbetreiber.* Die neuen Telefonnetzbetreiber können daher betonen, daß es mit besonderen wettbewerblichen Schwierigkeiten verbunden ist, auf den Telefonmarkt zu treten, nachdem die Telekom das Bundesgebiet bereits flächendeckend bedient und praktisch alle Kunden »besitzt«. Der Nachteil des späten Markteintritts ist nicht von ihnen zu verantworten, sondern auf die Regulierungspolitik der Bundesregierung zurückzuführen. In diesem Sinne können sie vertreten, daß der Wiederverkauf fremder Kapazität

---

11 Entscheidung der Kommission v. 26.2.1992 – British Midland/Aer Lingus (92/213/EWG), ABl. Nr. L 96/34 v. 10.4.1992. In dem Fall hatte Aer Lingus seine Zustimmung zur Teilnahme von British Midland am Multilateral Interline Traffic Agreement – MITA – aufgekündigt und die Austauschbarkeit seiner Flugscheine mit denen von British Midland auf der Strecke London-Heathrow – Dublin abgelehnt. Die Strecke wurde bis dahin ausschließlich von Aer Lingus und British Airways beflogen, der gegenüber Aer Lingus seine Interline-Vereinbarung nicht gekündigt hatte. Die Kommission sah in der Weigerung von Aer Lingus, British Midland weiterhin das Interlining zu gestatten, einen Mißbrauch einer marktbeherrschenden Stellung iSd Art. 86 EGV. Dabei verwies die Kommission insbesondere auf die Schwierigkeiten beim Marktzutritt, vor allem in der verlustreichen Anlaufzeit (Tz. 27). Die Verweigerung des Interlining sei nicht durch berechtigte Geschäftsinteressen gerechtfertigt (insbesondere nicht durch den Wunsch, Konkurrenten nicht zu helfen), und die Befürchtung eines marktbeherrschenden Unternehmens, durch Interlining Einnahmeverluste zu erleiden, sei keine hinreichende Rechtfertigung (Tz. 25, 26).

für sie jedenfalls so lange »wesentlich« ist, wie es aus technischen Gründen nicht möglich ist, eine flächendeckende Versorgung über ein eigenes Netz zu gewährleisten. Der Aufbau eigener Netze braucht naturgemäß Zeit. Zwar können die Kunden der Telekom über Zusammenschaltung erreicht werden. Dies ermöglicht aber zunächst nur die Kommunikation zwischen Teilnehmern verschiedener Netze. Einen »Einbruch« in den Privatkundenmarkt ermöglicht die Zusammenschaltung nicht. Dies hat nicht lediglich subjektive Gründe, die in der Wirtschaftskraft des Betreibers liegen. Objektive Gründe liegen darin, daß – gerade im Telefonmarkt – flächendeckend Leitungen verlegt werden müssen, bevor Privatkunden über das eigene Netz erreicht werden können. Die neuen Betreiber können daher angesichts der gegenwärtigen Marktsituation darauf verweisen, daß ihre Chancen, sich auf dem Telefonmarkt zu etablieren, gering sind, wenn sie ihre Kunden angesichts des vollständig ausgebauten Netzes der Telekom auf die Nutzung der eigenen, noch beschränkten Netzkapazität verweisen müßten. Derartig substantielle tatsächliche Nachteile im Netzausbau können auch nicht vollständig durch Preiswettbewerb aufgefangen werden, da den Preisen im Telefonmarkt angesichts des Kapazitätsbedarfs beim Netzaufbau bestimmte untere Grenzen gesetzt sind, so daß der Unterschied zwischen einem vergleichsweise niedrigen New Entrant-Preis und einem höheren Telekom-Preis nicht ohne weiteres die Qualitätsunterschiede wird ausgleichen können, die zwischen den Netzen zunächst durch ihren unterschiedlichen Ausbaustand bestehen.

• *Mögliche Gegenargumente.* Die vorstehenden Argumente interpretieren den Begriff der essential facilities sehr weit. Im Ergebnis müßte die Deutsche Telekom, die ihrerseits Infrastruktureinrichtungen selbständig geschaffen hat – wenn auch mit staatlicher Hilfe –, ihre Konkurrenten gegen ihren Willen durch den Abschluß von Wiederverkaufs-Verträgen unterstützen. Dies geht über den ursprünglichen Zweck der essential facilities Doktrin deutlich hinaus. Es bleibt abzuwarten, ob die Behörden und Gerichte die Marktöffnungsfunktion des TKG in dieser extensiven Weise auslegen.

Durch eine solche weite Auslegung der Wesentlichkeit – beschränkt auf eine Übergangsphase – könnte jedoch sehr viel schneller effektiver Wettbewerb im Telefonmarkt in Deutschland erreicht werden, als wenn man vorrangig auf den Infrastrukturwettbewerb setzt. Die Beispiele USA und Großbritannien zeigen, daß es dann noch lange Zeit bei der Monopolsituation insbesondere im Ortsnetzbereich bleibt. Für diese Auslegung spricht daher, daß der Zweck des Gesetzes, »durch Regulierung den Wettbewerb zu fördern« (§ 1 TKG), rascher erreicht werden kann.

*II. Marktzutrittshemmnis Lizenzgebühren*

Ein zweites Beispiel zur Beseitigung von Marktzutrittsschranken: Im Herbst 1996 kursierte der Entwurf einer Lizenzgebührenverordnung des Bundesministeriums für Post und Telekommunikation. Der Verordnungsentwurf sah vor, daß Lizenznehmer für die Lizenz eine Gebühr von bis zu 40 Millionen DM zahlen sollten. Für Inhaber einer Telefon- und einer Netzlizenz hätte sich die Gebühr auf 80 Millionen verdoppelt.

Da solche »Preise« mit dem Verwaltungsaufwand für die Lizenzerteilung kaum begründet werden konnten, zog die Bundesregierung den »wirtschaftlichen Wert« der Lizenzen zur Rechtfertigung heran. Tatsächlich hatte der Finanzminister bereits 1,8 Milliarden DM Einnahmen aus Lizenzgebühren in den Bundeshaushalt eingestellt. Die Aufregung unter den neuen Anbietern war groß. Gutachten wurden erstellt, die die Rechtmäßigkeit solcher Gebühren mit guten Gründen anzweifelten.

Interessant im vorliegenden Zusammenhang ist vor allem, daß solche Lizenzgebühren als Marktzutrittshemmnis wirken: Gelder, die in den Aufbau von Netzen investiert werden sollten, hätten nun für die Lizenz gezahlt werden müssen. Sicher auch als Folge dieses Verordnungsentwurfs zog z.B. Thyssen Telecom seinen Lizenzantrag zurück. Dies zeigt, daß entgegen dem Gesetzeszweck des TKG durch prohibitiv wirkende Gebühren Wettbewerb behindert und nicht gefördert worden wäre. Der Finanzbedarf des Bundes ist kein guter Ratgeber in wettbewerbspolitischen Fragen.

Dem etablierten Anbieter Telekom – der die Gebühren nach den EU-Kommissionsentscheidungen zu Telecom Italia und Telefonica wohl auch hätte zahlen müssen – tut eine solche Lizenzgebühr dagegen kaum weh. Zwar zahlt auch die Telekom solche Gebühren nicht aus der Portokasse. Aber es ist nun einmal etwas anderes, wenn man bereits sicher auf dem Markt ist und 60 Milliarden DM Umsatz hat.

Abhilfe brachte dann im April dieses Jahres wiederum die Europäische Union: Der Rat beschloß die Lizenzierungsrichtlinie [12], die dem wirtschaftlichen Wert als Basis für die Lizenzgebührenkalkulation eine Absage erteilte und nur den Verwaltungsaufwand zuließ (Art. 11 Nr. 1).

*III. Zu beantwortende Fragen*

Allein mit der Entscheidung für Wettbewerb ist es also noch nicht getan. Mit der Öffnung der Telekommunikationsmärkte werden auch in Deutsch-

---

12 Richtlinie 97/13/EG des Europäischen Parlaments und des Rates vom 10. April 1997 über einen gemeinsamen Rahmen für Allgemein- und Einzelgenehmigungen für Telekommunikationsdienste, ABl. Nr. L 117/15 vom 7.5.1997.

land schwierige regulative Fragen zu klären sein, und dies nicht allein vom deutschen Regulierer.

Das deutsche Telekommunikationsgesetz enthält eine Reihe von Vorschriften, die den Marktzugang für neue Anbieter ermöglichen. Doch die Reichweite der Vorschriften bezüglich einzelner Dienste wird durch die Auslegungspraxis zu bestimmen sein. Die angeführten Beispiele zeigen, daß diese Fragen sich nicht durch einfache Rezepte wie: »Im Zweifel für den Wettbewerb« lösen lassen. Gerade das Wiederverkaufsbeipiel zeigt, daß Marktzugang für den einen (ACC) sich als Zugangshemmnis für andere erweisen kann, wenn diese nicht dieselben Möglichkeiten nutzen können.

Um zu entscheiden, wie Marktzugang ermöglicht werden kann, sollten wir für die bevorstehenden Entscheidungen zwei Fragen nachgehen.

Zunächst: Was sind die Eigenarten dieses Telekommunikationsmarktes, die eine Regulierung erforderlich machen?
Sodann: Werden die Instrumente des deutschen Telekommunikationsrechts diesen Eigenarten gerecht?

Marktöffnung impliziert jedoch nicht nur zusätzliche Regulierung, sie kann auch Deregulierung bedeuten. So wird in einem dritten Schritt an einem aktuellen Beispiel, der im Entwurf vorliegenden Kundenschutzverordnung 1997 (TKV 1997), diskutiert, welche Vorschriften in einem liberalisierten Umfeld entbehrlich werden können.

## B. Warum Marktzugangsnormen erforderlich sind

Zur ersten Frage nach den Eigenarten des Telekommunikationsmarktes, die eine Regulierung erforderlich machen, besteht heute weitgehende Einigkeit. Erst seit kurzer Zeit kann in Deutschland überhaupt von einem Telekommunikationsmarkt gesprochen werden.

Das Fernmeldeanlagengesetz garantierte der Deutschen Bundespost, später der Deutschen Telekom, in weiten Bereichen der Telekommunikation die Stellung als Monopolist. Erst im Juli 1996 fiel das Netzmonopol der Deutschen Telekom und am 1.1.1998 wird ihr Monopol für den wichtigsten Telekommunikationsmarkt fallen: das für den öffentlichen Sprachdienst.

### I. Netzzugang und Zusammenschaltung

Die Deutsche Telekom wird auch nach dem 1.1.1998 noch einen sehr hohen Marktanteil haben. Die meisten Inlandstelefonate aus den Netzen der neuen Betreiber werden von der Deutschen Telekom zu beenden sein. Neue Wettbewerber sind daher auf Netzzugang und Zusammenschaltung ihrer Netze mit dem der Telekom angewiesen.

Ob ein solcher Zugang durch Zusammenschaltungsvereinbarungen ermöglicht wird, darf und kann aber nicht der Willkür des etablierten Netzbetreibers überlassen werden. Die Durchsetzung des Zugangs zum Netz für neue Anbieter ist so die erste und wichtigste Aufgabe der neuen Regulierungsbehörde.

Diese Regulierungsaufgabe ist heute weltweit anerkannt. So haben sich im Februar dieses Jahres 65 Staaten, die 93% des Weltkommunikationsmarktes repräsentieren, im Rahmen des neuen WTO-Telekommunikationsabkommens auf regulatorische Prinzipien verständigt, zu denen insbesondere die Gewährleistung der Zusammenschaltung mit dominanten Betreibergesellschaften gehört.

*II. Andere Dienste*

Und auch der Zugang für Diensteanbieter – z.B. Ansagedienste, um ein einfaches Beispiel zu nennen – muß regulatorisch sichergestellt werden. Nur wenn die Dienste dieser neuen Anbieter auch über das Netz der Deutschen Telekom zu erreichen sind, haben sie eine realistische Chance auf den Markt zu treten.

*C. Die regulatorischen Instrumente*

Dies bringt mich zu unserer zweiten Frage: der Frage nach den regulatorischen Instrumenten, die der besonderen Situation auf dem Telekommunikationsmarkt gerecht werden.

*I. Schutz gegen Mißbrauch von Marktmacht*

Grundsätzlich ähnelt die Aufgabe der Telekommunikationsregulierung den Aufgaben der allgemeinen kartellrechtlichen Regulierung, wie sie durch das Bundeskartellamt und durch die Europäische Kommission durchgeführt wird. Bei der Kartellaufsicht wie bei der Telekommunikationsregulierung geht es darum, Marktteilnehmer vor dem Mißbrauch von Marktmacht zu schützen und auch im Vorfeld schon der Bildung von Marktmacht vorzubeugen.

*II. Zusätzliche Aufgabe: Marktöffnung*

Doch bei der Telekommunikationsregulierung kommt noch eine zusätzliche Aufgabe hinzu, die sich daraus ergibt, daß ein monopolistisch strukturierter Markt zunächst in einen wettbewerblichen Markt umgewandelt werden muß: We have to get the game started.

Eine aktive Marktregulierung muß zunächst die Strukturen *schaffen*, die einen freien Wettbewerb erst möglich machen. Oder mit anderen Worten: Solange eine Seite alle Trümpfe in der Hand hat, kann echter Wettbewerb nicht entstehen. Der Prozeß muß zunächst durch gezielte regulatorische Eingriffe auf den Weg gebracht werden.

*III. Die drei Lebensabschnitte des Regulierers*

In unserem kürzlich erschienenen Weißbuch zur künftigen deutschen Regulierungsbehörde haben wir zu den unterschiedlichen Lebensabschnitten eines Regulierers, die sich hieraus ergeben, schon Bruno Lassere, den Chef der französischen Regulierungsbehörde, zitiert.

- Zuerst streitet der Regulierer als Anwalt für mehr Wettbewerb und kämpft mit dem alten Monopolunternehmen.
- Im zweiten Lebensabschnitt, wenn Wettbewerber auf den Markt kommen, ist er ein Wirtschaftsprüfer, der die Bücher der Unternehmen kontrolliert, um sicherzustellen, daß keiner betrügt.
- Zuletzt, wenn der Wettbewerb funktioniert und das Wettbewerbs- und Kartellrecht und die Gerichte die Marktordnungsfunktion übernehmen, endet das Leben des Regulierers.

*IV. Die Instrumente*

Das deutsche Telekommunikationsgesetz orientiert sich bei der Auswahl der regulativen Instrumente an internationalen Vorbildern. An sich sollte man gar nicht von einer Auswahl sprechen. Bis auf die eingangs erwähnte Lücke beim Wiederverkauf enthält das deutsche Telekommunikationsgesetz alle wichtigen Instrumente, die aus dem Ausland bekannt sind. Allerdings steckt der Teufel wie immer im Detail: Die Instrumente des Telekommunikationsgesetzes sind zwar die richtigen für die Regulierung des Marktzugangs. Im Bemühen, möglichst viele Fälle möglichst umfassend zu erfassen, und aufgrund diverser politischer Kompromisse, sind einige Vorschriften ausgesprochen interpretationsbedürftig geraten, so daß die Gefahr besteht, daß das Ziel der Schaffung von Wettbewerb verfehlt wird. Andere

Vorschriften, die auf den ersten Blick nach bloßen technischen Vorschriften aussehen, werfen ebenfalls die Frage auf, ob sie nicht versteckte Marktzugangsschranken enthalten.

*V. Pflicht Netzzugang zu gewähren*

Die regulativen Instrumente zur Gewährleistung des Marktzugangs fangen an mit einem der wichtigsten Instrumente: Der Verpflichtung des dominanten Netzbetreibers, Wettbewerbern Zugang zu seinem Netz zu gewähren (§ 35 TKG) – und zwar zu kostenorientierten Tarifen (§§ 39, 24 ff TKG).

*VI. Zusammenschaltung*

Eine besondere – und besonders wichtige – Form des Netzzugangs ist die Zusammenschaltung. Durch die Zusammenschaltung wird die Kommunikation der Nutzer verschiedener Netze untereinander ermöglicht. Das TKG statuiert einen Kontrahierungszwang für marktbeherrschende Betreiber öffentlicher Netze: Sie müssen die Zusammenschaltung ihrer Netze mit öffentlichen Netzen anderer Betreiber ermöglichen (§ 35 Abs. 1 Satz 3 TKG).

Im Interesse der Gewährleistung umfassender Kommunikationsmöglichkeiten für die Nutzer enthält das Gesetz aber zusätzlich die Pflicht für alle Betreiber öffentlicher Netze, anderen öffentlichen Netzbetreibern ein Angebot auf Zusammenschaltung abzugeben (§ 36 TKG) – das sogenannte Verhandlungsmodell.

Kommt keine Zusammenschaltungsvereinbarung zustande, gibt es die Möglichkeit für beide Verhandlungspartner, die Regulierungsbehörde anzurufen, die die Zusammenschaltung (und die Bedingungen) anordnet (§ 37 TKG, § 9 NZV). Die Anrufungsmöglichkeit besteht auch für einzelne Punkte, über die sich die Beteiligten nicht einigen können[13]. Dabei gibt es viele ungelöste Fragen: Eine davon ist, ob die Zusammenschaltungsanordnung in jedem Fall ergehen muß. § 37 TKG sieht so aus. Können aber tatsächlich auch nicht marktbeherrschende Unternehmen zum Vertragsabschluß gezwungen werden? Welchen Preismaßstab legt die Regulierungsbehörde dann an? Nicht marktbeherrschende Anbieter unterfallen aus guten Gründen nicht der Preisregulierung. Denn dies würde den Preissetzungsmechanismen des Marktes in der Telekommunikation keine Chance geben.

---

13 Vgl. BMPT Vfg 104/1997: Hinweise zur Zusammenschaltung von öffentlichen Telekommunikationsnetzen, ABl. BMPT 11/97 vom 23.4.1997, S. 603, Nr. II.

Es wäre daher widersinnig, auf sie den Kostenmaßstab der Entgeltregulierungsverordnung anzuwenden[14].

## VII. Entbündelung

Ganz wichtig ist auch das Entbündelungsgebot für neue Anbieter. Wenn sie bei der Zusammenschaltung oder beim Netzzugang nicht komplette Leistungsbündel, sondern nur einzelne Leistungen – zum Beispiel nur den nackten Draht – abnehmen müssen, versetzt sie dies in die Lage, eigene, innovative Pakete zusammenzustellen und sich so attraktiv für die Kunden zu machen.

Aus wettbewerbstheoretischer Sicht ist ein extensives Entbündelungsgebot nicht ganz unproblematisch. Denn wenn man jede Leistung auch einzeln von dem marktbeherrschenden Unternehmen bekommen kann, besteht kaum ein Anreiz, eigene Infrastruktur aufzubauen. Zumindest langfristig gesehen ist aber der Wettbewerb unter Infrastrukturanbietern wettbewerbspolitisch erwünscht.

§ 2 der Netzzugangsverordnung verpflichtet nun den marktbeherrschenden Netzbetreiber, den entbündelten Zugang zu allen Teilen seines Telekommunikationsnetzes einschließlich des entbündelten Zugangs zur Teilnehmeranschlußleitung zu gewähren. Ob damit tatsächlich *jede* Leistung einzeln verlangt werden kann, erscheint bislang nicht ganz klar. Zusätzlich zu der Einschränkung, daß die Pflicht nicht besteht, soweit sie sachlich nicht gerechtfertigt ist, könnte durch den Bezug auf Leistungen gemäß § 33 TKG die Einschränkung auf wesentliche Leistungen anzunehmen sein (§ 3 Satz 1 NZV). Dieser Annahme steht allerdings die weite Formulierung in Satz 2 entgegen, die eben zur Gewährung entbündelten Zugangs zu allen Teilen des Telekommunikationsnetzes verpflichtet.

Unter dem Gesichtspunkt der Marktöffnungsfunktion erscheint insoweit die Lösung sachgerecht, die bereits oben befürwortet wurde: Zumindest für eine Übergangsphase sollten Entbündelungspflichten tendenziell extensiver ausgelegt werden als zu einem späteren Zeitpunkt, wenn am Markt mehr Wettbewerb herrscht und neue Betreiber sich etabliert haben. In diese Richtung deutet übrigens auch die jüngste Regulierungsentscheidung des BMPT: Auf die Beschwerde von Mannesmann Arcor, NetCologne und o.tel.o hat das BMPT gerade vorgestern (28. Mai 1997) die Deutsche Telekom aufgefordert, den Wettbewerbern bis zum 4. Juni 1997, also innerhalb

---

14 Die Entgeltregulierungsverordnung ist in diesem Punkt unklar. Zwar zitiert sie auch die Zusammenschaltungsvorschrift des § 39 TKG als Ermächtigungsgrundlage. Andererseits stellt § 39 TKG selbst keine Ermächtigungsnorm dar und § 27 Abs. 4 TKG ermächtigt nur zur Ausgestaltung des Entgeltgenehmigungsverfahrens nach § 27 Abs. 1 TKG.

einer Woche, ein prüfungs- und verhandlungsfähiges Angebot auf entbündelten Zugang zur Teilnehmeranschlußleitung vorzulegen[15]. Die »Teilnehmeranschlußleitung« ist der Teil des Telekommunikationsnetzes, der von der letzten Vermittlungsstelle zum jeweiligen Endkunden führt. Das heißt, sie ist eben die »bottleneck-facility«, die bisher allein die Telekom besitzt und kontrolliert, die »letzte Meile«, von der häufig die Rede ist, und zweifelsohne eine »essential facility«. Diese Regulierungsentscheidung wird erhebliche Auswirkungen auf die weiteren Entwicklungen im deutschen Telekommunikationsmarkt haben.

*VIII. Preisniveau*

Entscheidend für die tatsächliche Möglichkeit des Marktzugangs für neue Wettbewerber sind die Preise, zu denen sie Leistungen der Deutschen Telekom erwerben. Nach internationalen Erfahrungen machen allein die Zusammenschaltungsentgelte 50% und mehr der Kosten der neuen Anbieter aus.

Die Preise marktbeherrschender Anbieter unterliegen der Regulierung (§ 25 ff. TKG). Ein wichtiges Regulierungsverfahren für Preise haben wir aus England importiert. Eine Anzahl von Preisen für unterschiedliche Dienste werden in sogenannten »Körben« rechnerisch zusammengefaßt (§ 27 Abs. 1 Nr. 2 TKG, § 1 Telekommunikations-Entgeltregulierungsverordnung – TEntgV). Das Preisniveau in diesen Körben wird sogenannten Price caps unterworfen: Zielgrößen, die Preise auf ein kostenorientiertes Niveau zurückführen sollen. Eine solche Regulierung ermöglicht dem regulierten Unternehmen eine größere Flexibilität als die regulatorische Festsetzung bestimmter einzelner Preise. Dies klärt aber noch nicht das wichtigste Problem: die Höhe der Preise. Damit ein dominanter Betreiber wie die Deutsche Telekom Netzzugang nicht effektiv durch überhöhte Preise verweigern kann, müssen hierzu Vorgaben gesetzt werden.

*1. Kosten der effizienten Leistungsbereitstellung*

Der Maßstab des Gesetzes hierfür sind die Kosten der effizienten Leistungsbereitstellung. Doch was heißt effiziente Leistungsbereitstellung?

---

15 Pressemitteilung des BMPT Nr. 50/97 vom 28.5.1997; s.a. Focus vom 26.5.1997, S. 9.

- Kann ein Regulierer einem regulierten Unternehmen vorgeben, wie es sein Netz hätte strukturieren müssen, um Dienste effizient zu erbringen?
  — So hat die amerikanische Regulierungsbehörde FCC in ihrer fast 700 Seiten starken Order vom 8. August 1996[16] einen neuen Standard für die Kostenermittlung vorgegeben, die sogenannten »total element long run incremental cost« oder TELRIC[17].
  — Danach sind die Preise allein auf der Basis der zusätzlichen künftigen Kosten eines hypothetischen, ideal funktionierenden Netzes festzusetzen, das auf dem neuesten Stand der Technik steht[18]. Weder dürfen die tatsächlichen historischen Kosten, die die Incumbents bei der Erstellung ihrer Netze hatten, die sie aber über ihre regulierten Preise nicht amortisieren konnten[19], einbezogen werden, noch die tatsächlichen zusätzlichen Kosten der Leistungsbereitstellung über die vorhandenen Netze[20].
  — Man mag dieses amerikanische Konzept der Kosten imaginärer, perfekter Netze kritisieren. Insbesondere mag zu bezweifeln sein, ob nach diesem Regime für neue Wettbewerber noch genügend Anreiz besteht, eigene, effizientere Anlagen zu errichten, deren Kostenvorteile genutzt werden, um die Preise der Incumbents zu unterbieten. Statt dessen könnten neue Anbieter versucht sein, die Risiken eigener Investitionen zu vermeiden und schlicht vom Incumbent verlangen, ihnen die vorhandenen Anlagen zu Preisen zur Verfügung zu stellen, die nach dem letzten Stand der Technik möglich sind.
  — Zumindest jedoch enthält das amerikanische Konzept klare Vorgaben, die – im Sinne der vorgeschlagenen Übergangslösung – Neueinsteigern zu Beginn der Marktöffnung im lokalen Telefonmarkt den Zugang erleichtert. Von langer Dauer wird dieses Regulierungskonzept aber nicht sein können.

- Die nächste Frage bei der Feststellung der Kosten der effizienten Leistungsbereitstellung ist, wie kann ein Regulierer überhaupt genügend Einblick in ein Unternehmen bekommen, um die Kosten der effizienten Leistungsbereitstellung abschätzen zu können? Welche Informationen müssen auch Wettbewerbern, die Zugang begehren, gegeben werden, damit sie ihr Recht auf kostenorientierte Preise durchsetzen können?

---

16 First Report and Order in the Matter of Implementation of the Local Competition Provisions in the Telecommunications Act of 1996 (CC Docket No. 96-98), Interconnection between Local Exchange Carriers and Commercial Mobile Radio Service Providers (CC Docket No. 95-185), adopted: August 1, 1996, released August 8, 1996, FCC 96-325.
17 Order ¶ 678.
18 Order ¶¶ 685, 690.
19 Order ¶ 705.
20 Order ¶¶ 684, 685.

- Sinnvoll wäre es, nicht nur ein Recht des Regulierers auf Bereitstellung genügender Informationen gegenüber dem dominanten Anbieter (§ 2 TEntgV) vorzusehen. Insbesondere bei Zusammenschaltungsvereinbarungen muß der nachfragende Netzbetreiber überprüfen können, ob das Preisangebot des dominanten Anbieters den Anforderungen der Kostenorientierung und effizienten Leistungsbereitstellung entspricht. Aus dem Anspruch auf kostenorientierte Preise (§§ 35, 39, 24 ff. TKG) in Verbindung mit den Informationspflichten des dominanten Betreibers gegenüber Nutzern (§ 4 NZV) ließe sich möglicherweise ein solches Recht für die neuen Anbieter ableiten. Dies wird auch gestützt durch die Vorschriften der Diensterichtlinie[21], der ONP Interconnection Richtlinie und der ONP Sprachtelefonrichtlinie[22].

Diese Fragen werden demnächst in der Regulierungspraxis – und sehr wahrscheinlich auch durch die Gerichte – zu beantworten sein.

## 2. Preselection – Dauerhafte Voreinstellung

Wettbewerb bei Ferngesprächen soll in Deutschland durch ein Modell ermöglicht werden, das wir aus den USA übernommen haben: Preselection – die dauerhafte Voreinstellung eines Verbindungsnetzbetreibers. Netzbetreiber werden verpflichtet, auf Wunsch ihrer Kunden Ferngespräche generell über ein anderes Fernnetz (»Verbindungsnetz«) zu leiten (§ 43 Abs. 6 TKG). Ähnlich wie in den USA ein Kunde, der im Ortsnetz beispielsweise an Nynex oder Ameritech angeschlossen ist, für Ferngespräche die freie Wahl zwischen AT&T, MCI, Sprint und anderen Gesellschaften hat, werden die Telekom-Ortsnetzkunden für Ferngespräche bald die Wahl zwischen Viag Interkom, Arcor, o.tel.o und der Deutschen Telekom haben.

---

21 Art. 4a Abs. 4 RL 90/388/EWG, zuletzt geändert durch die RL 96/19/EG v. 13.3.1996.
22 Art. 7 Abs. 2 Entwurf ONP Zusammenschaltung (joint text approved the Conciliation Committee 20 March 1997, http://www.ispo.cec.be/infosoc/legreg/docs/intercon.html); Art. 12 Abs. 1 ONP Sprachtelefondienst (RL 95/62/EG vom 13.12.1995, ABl. Nr. L 321/6 v. 30.12.1995); vgl. a. Anhang V Abs. 2 Entwurf ONP Zusammenschaltung; Nr. 91 Mitteilung der Kommission über die Anwendung der Wettbewerbsregeln auf Zugangsvereinbarungen im Telekommunikationsbereich (97/C 79/06), ABl. Nr. C 76/9 v. 11.3.1997; siehe hierzu auch Nrn. 84/85 der Mitteilung.

*3. Rufnummernportabilität*

Erleichtert wird der Wechsel auch des Ortsnetzbetreibers durch ein weiteres Instrument: Rufnummernportabilität. Betreiber haben nach TKG sicherzustellen, daß Nutzer bei einem Wechsel ihres Ortsnetzbetreibers ihre Rufnummer beibehalten können (§ 43 Abs. 5 TKG). Dies ist insbesondere deswegen wichtig, weil auch der Wechsel zu einem besonders günstigen Betreiber für viele Kunden unattraktiv sein kann, wenn er mit einem Wechsel der Telefonnummer verbunden ist. Aber auch solche Maßnahmen haben ihre Kosten. Rufnummernportabilität ist technisch aufwendig und die Frage der Kostentragung für die Portierung ist nicht einfach zu entscheiden.

*D. Vorschriften, die mit der Liberalisierung überflüssig werden*

Ein weiteres aktuelles Thema möchte ich noch anschneiden: Liberalisierung heißt meist zunächst nicht Deregulierung, sondern mehr Regulierung. Neue und detaillierte Vorschriften werden eingeführt, die den Wettbewerb ermöglichen sollen. Es gibt aber auch Vorschriften, die mit der Liberalisierung ihre Daseinsberechtigung verlieren. Ein Beispiel dafür ist die Telekommunikations-Kundenschutzverordnung. Hier hat das BMPT am 28. April 1997 einen Referentenentwurf für eine neue Kundenschutzverordnung (E-TKV 97) vorgelegt. Die Kundenschutzverordnung dient der rechtlichen Ausgestaltung des Verhältnisses zwischen Kunden und Anbietern, wobei Kunden nicht nur die sogenannten »Endkunden« sein können. Kunden sind vielmehr auch Telekommunikationsunternehmen, die von anderen Telekommunikationsanbietern Leistungen begehren.

Die Kundenschutzverordnung illustriert recht gut, welche Regelungen in einem Umfeld notwendig waren, das von einem gesetzlich gesicherten Monopol geprägt wurde. Und sie verdeutlicht das grundsätzliche Mißverständnis, dem die Bundesregierung aufgesessen ist, wenn sie solche Regelungen fast unverändert auf ein wettbewerbliches Umfeld überträgt.

*I. Vertragsbeziehungen zwischen Monopolisten und Kunden*

Die Ratio der bisherigen Kundenschutzverordnung bedarf keiner langen Erklärung. Nachfrager von Telekommunkationsdienstleistungen waren darauf angewiesen, diese in Deutschland vom Monopolisten Deutsche Telekom AG zu beziehen. Die Nachfrager hatten insofern keinerlei Verhandlungsmacht gegenüber der Deutschen Telekom. Damit die Telekom nun die Vertragsbedingungen nicht einseitig gegenüber den neuen Betreibern diktieren konnte, mußten Verbraucherschutzvorschriften erlassen werden. Entsprechend ermächtigte das Post- und Telekommunikationsregulierungsgesetz die Bundesregierung, Verbraucherschutzverordnungen zu erlassen, die die Rahmenvorschriften für die Inanspruchnahme von Monopol- und Pflichtleistungen der Nachfolgeunternehmen der Deutschen Bundespost vorsehen.

Eine solche Verordnung ist die derzeit noch in Kraft befindliche Telekommunikations-Kundenschutzverordnung (TKV 1995), die detaillierte Vorschriften über die Vertragsbeziehungen zwischen Verbrauchern und Deutscher Telekom enthält: Rechnungserteilung, Fälligkeit, Einwendungen, Haftung, Verjährung. All diese Fragen, die man typischerweise in Individual- oder Formularverträgen erwartet, sind in der Telekommunikations-Kundenschutzverordnung (TKV 1995) geregelt.

## II. Vertragsbeziehungen im liberalisierten Umfeld

Doch vom 1.1.1998 an ändert sich die Ausgangslage. Eine Vielzahl von Anbietern wird auf den Telefonmarkt treten können. Nachfrager werden eine wesentlich größere Handlungsmacht gewinnen. Gegen die typischerweise mit Formularverträgen verbundenen Gefahren steht – wie in anderen Bereichen – das AGB-Gesetz zur Verfügung.

Das TKG sieht jedoch nach wie vor den Erlaß einer Kundenschutzverordnung vor, die Rahmenvorschriften zum besonderen Schutz der Nutzer bei der Inanspruchnahme von Telekommunikationsleistungen enthalten soll. Dies ist in gewissen Bereichen angesichts der besonderen Marktmacht der Deutschen Telekom durchaus sinnvoll. Der vom BMPT vorgelegte erste Entwurf der neuen Kundenschutzverordnung enthält nun aber detaillierte Regelungen über die Vertragsbeziehungen zwischen Nutzern und Anbietern von Telekommunikationsleistungen, die für die Vertragsbeziehungen mit *allen* Anbietern öffentlicher Telekommunikationsdienstleistungen gelten. Sie setzt zwingende Vorgaben für Fragen wie Sicherheitsleistungen, Rechnungserstellung, Einwendungen, Nachweis der Entgeltforderungen, Folgen des Zahlungsverzuges, usw. Es wird so ein zwingendes Sonderprivatrecht der Telekommunikation formuliert.

## III. Eine neue, aber alte Kundenschutzverordnung

Die neue Kundenschutzverordnung ist also so neu nicht. Sie führt eine Struktur fort, die von der bisherigen Kundenschutzverordnung bekannt ist, nur daß ihr Anwendungsbereich auf alle Anbieter öffentlicher Telekommunikationsnetze ausgedehnt wird. Dies hat mit der eigentlichen Zielrichtung telekommunikationsspezifischer Regulierung wenig zu tun. Eine besondere

Schutzbedürftigkeit der Nutzer vor einer mißbräuchlichen Vertragsgestaltung durch neu auf den Markt tretende Anbieter, die also mit Sicherheit nicht marktbeherrschend sind, wird wohl auch kaum herzuleiten sein. Einheitliche zwingende Vertragsbedingungen passen auf eine monopolistische Marktordnung, nicht jedoch auf ein wettbewerbliches Umfeld.

# Interconnection and Other Key Issues for the Liberalization of Telecommunications Markets: The US Experience

*von Attorney-at-law William T. Lake, Washington D.C.*[1]

Since Germany and the United States both adopted new telecommunications laws in 1996, it seems especially appropriate to compare the approaches the two countries have taken. Of course, the two laws were adopted in very different contexts. Donald Cruickshank of the UK's Oftel is fond of saying that »different starting points« justify different regulatory strategies.[2] I always suspect that this is his polite British way of saying that he disagrees with the policies adopted by the US Federal Communications Commission. But different starting points may in fact justify at least different courses, although perhaps toward the same goals.

*US Background.* The new law enacted in 1996 in the United States was adopted against the backdrop of over 20 years of liberalization. The United States did once have a monopoly environment: For more than 50 years, AT&T had a monopoly of both local and long-distance telephone service in most parts of the country. Even then, the US situation differed from the typical telecommunications regime in Europe, in that AT&T was always a privately owned company, unlike the government-owned European telecommunications monopolies. But AT&T's monopoly began to crumble more than 20 years ago.

As is often the case, technology – not the regulators – led the way toward change. Regulators like to think that they lead the industries they oversee; but they are actually doing well when they manage not to get in the way of the forces of technology and the marketplace. It was the advent of fixed microwave transmission – against the backdrop of the long distances that exist between US cities – that opened a market opportunity two decades ago for competition in intercity services. A company called Microwave Communications, Inc. – now known only by its initials – began by establishing a single microwave link from St. Louis to Chicago, over which it offered leased circuits to business customers. The customers came. MCI then sought to expand geographically to offer service between other cities, and also to expand into the provision of switched services.

---

1 Partner, Wilmer, Cutler & Pickering, 2445 M Street, NW, Washington, DC 20037 1420
2 Don Cruickshank, Director General, Office of Telecommunications, UK, »From Regulation to Competition,« remarks delivered at the Center for Strategic and International Studies, Washington, DC, 12 February 1997.

Naturally, AT&T resisted. The FCC took the side of the monopolist.[3] Only by winning an order from a federal court did MCI gain the right to offer switched services.[4] AT&T then refused to provide interconnection between its network and MCI's, which left MCI incapable of providing effective switched service. The FCC again took the side of the monopolist and ruled that AT&T did not have to interconnect.[5] It took a second court order to force AT&T to provide interconnection to MCI's facilities.[6] That is how our competitive long-distance market was born.

What emerged over the next 20 years was a bifurcated US telecommunications marketplace. Long-distance service became increasingly competitive, with AT&T, MCI, Sprint, and many smaller service providers vying for customers' favor. But local service remained an AT&T monopoly, because state laws generally gave AT&T the exclusive right to offer local telephone service. That situation invited abusive conduct by AT&T. AT&T's long-distance competitors complained that AT&T used its control over local networks to favor its own long-distance operations. AT&T, they said, gave its long distance operations preferential interconnection to local facilities and used revenues from its local services to cross-subsidize its long-distance service.

Those concerns led to the breakup of AT&T by a federal antitrust court in 1984.[7] The federal government brought an antitrust suit and was on its way to winning, when AT&T agreed to a settlement in which it spun off its local networks into seven new independent Bell Operating Companies. In order to prevent those companies from engaging in the same abuses that AT&T had allegedly engaged in, the court order that implemented the settlement forbade the Bell Companies to offer long distance service.[8] The theory of the order was essentially that of a »quarantine«: Since everyone assumed that the local networks would continue to be monopolies, the Bell Companies were confined to operating those monopolies and were barred from going into related markets in which they might misuse their monopoly power. AT&T, shorn of its local networks, was free to provide long-distance service without any special restrictions.

This bifurcated regime persisted until 1996, but was increasingly seen as unsatisfactory. On the long-distance side, competition brought the benefits that were predicted: prices dropped and long-distance calling increased.

3 *MCI Telecommunications Corp.*, FCC 75-799 (July 2, 1975).
4 *MCI Telecommunications Corp. v FCC,* 561 F.2d 345 (D.C. Cir.1977), *cert. denied,* 434 U.S. 1040 (1978).
5 *MCI Telecommunications Corp.*, 60 FCC 2d 25 (1974).
6 *MCI Telecommunications Corp. v. FCC*, 580 F.2d 590 (D.C. Cir), *cert. denied,* 439 U.S. 980 (1978).
7 *United States v. Western Electric Co.,* 569 F.Supp. 1057 (1983).
8 *United States v. Western Electric Co.*, 552 F.Supp. 131, 227 (D.C.C.), *aff'd sub. nom. Maryland v. United States*, 460 U.S. 1001 (1983).

But some observers noted that the price drops came mostly in the early years. The market stabilized as the three large operators learned to coordinate their pricing behavior. The seven companies that would have been most able to inject greater competition into the market – the Bell Companies – were barred from the market.

On the local service side, the market remained a Bell Company monopoly, because state laws in most states still prevented new entry. Federal policymakers became increasingly convinced that the local market did not have to be forever a monopoly. But it took an Act of Congress to translate that conviction into law.

*Telecommunications Act of 1996.* The principal reform achieved by the 1996 Act was to tear down the entry barriers that separated the long-distance and local markets. The statute preempted all state laws that blocked entry by new operators into local telephony.[9] And it allowed Bell Companies to begin offering long-distance service, as soon as they can prove that competition exists in their local markets.[10]

In theory, then, we now have a wholly open market. Anyone can become a new provider of local or long-distance service. But it is important to note the legacy of our 20-year history of division of the market: Because each half of the market has grown up fenced off from the other, the most likely entrants on each side now that the fences have been removed are the operators that are already established in the other half. On each side there are large, experienced operators that have networks already in the ground. It is this existence of major facilities-based competitors ready to enter each side of the market that creates the strongest prospect of early and vigorous competition.

The fact that the long-distance companies and the Bell Companies are each other's most likely competitors is why many people are concerned about the recent announcement that AT&T may merge with SBC. Such a merger would combine the largest long-distance company in the United States with the largest Bell Company, whose territory includes California and the Southwest, the fastest-growing part of the country. In one swoop the merger could eliminate competition between two of the most significant rivals in the newly consolidated marketplace.

This US situation contrasts sharply to the German environment, in which Deutsche Telekom has the only existing network. The most likely new entrants are major firms from outside the telecommunications sector, which have not yet built any landline facilities, although they do have help from experienced foreign operators. This difference between the US and German

---

9 Telecommunications Act of 1996, Pub.L. No. 104-104, § 253, 110 Stat. 56 (»*1996 Act*«).

10 *1996 Act* § 271.

situations can have major implications for the regulatory issues that both countries are facing.

The opening – at long last – of the local service market in the United States raises two key sets of regulatory issues:

- On what terms should the new local service competitors be allowed to interconnect with the existing (Bell Company) networks?
- How can telephone service prices be rebalanced to eliminate the subsidies that now exist between telephone services, which will no longer be sustainable when all services are open to competition?

I'll say a few words about how the United States is addressing each set of issues.

*Interconnection.* Interconnection is one of those concepts that seems at first very simple: If there are going to be more than one telephone company, they must interconnect with each other so that the customers of one can call the customers of the other. Since each company collects money only from its own customers, it should pay the other for terminating the calls its customers initiate. The amount it pays should be based on the cost of terminating the calls.

This simple formulation leaves open, of course, the problem of figuring out what that cost is. But even apart from that, interconnection issues can be much more complicated than one would expect.

One complication is the question of *resale*. The new US law says that, for every service that a Bell Company offers to its retail customers, it must offer the same service to its competitors at a discounted wholesale price, so that they may resell it.[11] The discount is supposed to reflect the marketing expenses that the Bell Company will save by not dealing directly with the customers. The FCC has found that these savings should be about 20 percent.[12]

Now, in most industries a company is not required to sell its product to its competitors at discounted rates, so that they can steal its customers away. But Congress decided that the best way to get local telephone competition going rapidly was to allow new companies to begin as resellers and then to build their own facilities as they go along.[13]

I find it interesting that, although the German law does not expressly require Telekom to sell at discounted rates to resellers, Telekom has chosen

---

11 *1996 Act*, §251(c)(4)(A), (B).
12 *Implementation of the Local Competition Provisions in the Telecommunications Act of 1996*, CC Docket 96-98, First Report and Order, ¶¶ 932-933 (released Aug. 8, 1990) (»*Interconnection Order*«).
13 H.R. No.458, 104th Cong. 2nd Session at H8, 120-222 (1996).

to do so, at least for *one* reseller.[14] I suspect that the new competitors in Germany will want to think seriously about using resale of Telekom's services as part of their entry strategies. This was one of the tactics that MCI and Sprint used to gain long-distance customers before they had built national networks. And even now, although AT&T and MCI have extensive networks of their own, they are both going into the local market at least initially by resale.[15]

They and the Bell Companies have begun a game of »capture the customer.« Each of them thinks that owning the relationship with the customer is the key to making money, by selling packages of services that include profitable advanced services such as voicemail. Where a company does not provide a particular service itself, it wants to be able to resell someone else's service, in order to ensure that *its* face will be the one the customer sees. This strategy may be just as valuable in Germany, where new operators whose networks are not yet in the ground may want to start building relationships with customers partly through resale.

A second issue is the *points* at which interconnection will be allowed. I'll mention this only briefly, because the US law expressly requires that an existing operator permits interconnection »at any technically feasible point« in its network.[16] I understand that this issue may be more difficult in Germany.

A third issue is *unbundling*. Like the German law, the US statute requires existing operators to unbundle their networks and allow their rivals to buy only the pieces they need, at prices based on costs.[17] The idea is to let new companies build their own facilities only as fast as they wish to do so, and to buy from the existing carriers the remaining pieces they need to put together a complete service. This unbundling requirement has brought great controversy in the United States.

The controversy stems in part from the fact that the FCC has interpreted the requirement very broadly. One can argue that an existing operator should be required to unbundle only those parts of its network that a new rival cannot easily build for itself. These are sometimes called »essential facilities.« But the FCC has gone further and required unbundling of virtually every part of the Bell Companies' networks and even parts of their business operations, such as their billing software, the operators who answer assistance calls, and the repairmen in their trucks.[18] The FCC also has

14 See *ACC in Ground-breaking Deutsche Telekom Deal*, Financial Times, May 20, 1997; *ACC Prises Open German Market with Deutsche Telekom Reseller Deal*, European Telecommunications, May 30, 1997.
15 See *Why Allen's Latest Plan Won't Work: The Iffy AT&T – SBC Merger*, Fortune, July 7, 1997; *The Big Three*, Telephony, June 2, 1997.
16 *1996 Act*, § 251(c)(2)(B).
17 *1996 Act*, § 251(c)(3).
18 *Interconnection Order*, ¶¶ 504-41.

decided that these unbundled elements must be priced not on the basis of what they actually cost but on the basis of what they would cost if the Bell Company used the most efficient available technology in its network.[19]

These strict unbundling rules will make it much easier for new companies to get started. But some people worry that they will weaken the incentives of the Bell Companies to improve their networks in the future. In a competitive market, a company innovates or invests in facilities in order to give itself a temporary competitive advantage over its rivals. If a Bell Company cannot obtain even a short-term competitive advantage by improving its network, but must make any new facility available immediately to its rivals at cost, why should it take the risk of investing?

The FCC's unbundling rules have been challenged in the courts, which are expected to decide soon whether the rules are consistent with the statute.[20]

*Rate Rebalancing.* I'll briefly mention the issue of rate rebalancing, because the FCC has just made some decisions on that issue that you may have seen in the news. The prices for telephone services in the US, as in many countries, contain implicit cross-subsidies. Long-distance and business services have long been priced above their costs, in order to support low-priced local residential services, especially for people in rural areas. The subsidy from long-distance alone for each residential line in the country is estimated to be about $10 a month.

When Congress adopted the 1996 Act, it recognized that this situation cannot continue. When competition is allowed for all services, prices can no longer be skewed to provide internal subsidies. Any service that is priced above its cost in order to subsidize other services will attract competition, and its price will be driven down. The new law requires that the traditional system of implicit subsidies be replaced with new explicit subsidy mechanisms, and that the cost of the subsidies be paid by all telecommunications carriers in a way that is competitively neutral.[21]

The FCC has just taken the first steps to achieve those goals. It proposed to reduce by $1.7 billion this year the amount that long-distance companies pay to support local service.[22] This will be made up partly by raising rates for second residential lines and multiline businesses – but not, for now, by raising rates for a customer's first residential line, a step that the FCC found

---

19 *Interconnection Order,* ¶ 685.
20 Appeals pending sub nom. *Iowa Utilities Board v. FCC*, No. 96-3321 and consolidated cases (8th Cir.).
21 *1996 Act,* §254.
22 FCC News Release, FCC Reforms Its Price Cap Plan (May 2, 1997). *Price Cap Performance Review for Local Exchange Carriers*, CC 94-1, Fourth Report and Order, ¶ 1, (released May 21, 1997).

too politically risky[23]. The FCC also created a new fund to provide $ 2.5 billion in subsidies for telephone and Internet services to schools, libraries, and rural health care providers.[24] This new subsidy program is designed partly to fulfill a promise by Vice President Gore that every school in America will be connected to the Internet[25]. All service providers will contribute to the fund, based on their retail revenues.[26]

But the Commission put off until 1999 the hardest issue – how to put together a fund to subsidize »high cost« users – people who live on farms or in the mountains, where it is expensive to provide service.[27] Many observers fear that the cost of such a fund will be very high and that it will drive up local rates for other residential users. A highly visible new subsidy flowing from urban telephone users to rural users may be more politically explosive than the hidden subsidies of the past.

These are only the first steps in a process that will face legal challenges. For example, some critics of the 1996 Act are already arguing that Congress has given the FCC the power to tax and that this is invalid under our Constitution. The political sensitivity of rate rebalancing also is surprising some of the legislators who voted for the new law. When the 1996 Act was passed, the politicians assured the voters that competition would lower everyone's telephone rates (even though they also recognized that the previous implicit subsidies would have to be replaced with explicit ones). The public is about to learn that, in the short run, the elimination of subsidies will force some people's rates to go *up* – although competition in the future should usher in cheaper ways of providing service for everyone.

There are some lessons already clear from the US experience. Competition in long-distance service has been very good for consumers. But we took much too long to dismantle our bifurcated market structure. Now at last we have authorized competition in the local market and also freed the Bell Companies to inject powerful additional competition into long distance. Germany is opening both parts of its market at the same time. I hope we can learn together the best answers to the regulatory issues that remain.

---

23 FCC News Release, *Commission reform Interstate Access Charge System* (May 7, 1997); *Access Charge Reforms*, CC Docket 96-262, First Report and Order, ¶¶ 72-81 (released May 14,1997).
24 *Federal State Joint Board on Universal Services*, CC Docket 94-45, Report and Order, 424 (released May 8, 1997) (»*Universal Search Order*«).
25 Chairman Reed Hundt, Separator Statement at 2-3 (May 8, 1997).
26 *Universal Service Order*, ¶ 818.
27 *Universal Service Order*, ¶ 203.

# Podiumsdiskussion

EINGANGSSTATEMENTS DER PANELISTEN

*Leitung*: Prof. Dr. Dr. h.c. Ulrich Immenga, Georg-August-Universität Göttingen

*Teilnehmer*: Martina Errens, Deutsche Telekom, Bonn
Karl-Michael Fuhr, o.tel.o., Düsseldorf
Marcel Haag, Europäische Kommission, Brüssel[1]
Anna Walker, OFTEL, London

*Professor Dr. Schwintowski*

Wir würden nun gerne das Programm mit einer Podiumsdiskussion zum Generalthema fortsetzen. Sie sehen das Podium bereits vor sich. Es wird sich gleich unmittelbar noch einmal bei Ihnen vorstellen. Dazu muß ich weiter nichts sagen. Im Anschluß an die Podiumsdiskussion werden Sie alle die Möglichkeit haben mitzudiskutieren. Ich würde mich sehr freuen, wenn Sie das täten. Eine kleine technische Bitte. Wir möchten gerne von Ihren Wortbeiträgen Ergebnisprotokolle machen, die wir dann später in einer Gesamtzusammenfassung veröffentlichen. Deshalb wäre es schön, wenn Sie von einem der beiden Mikrofone Gebrauch machten, und wenn Sie jeweils Ihren Namen und die Organisation oder das Unternehmen aus dem Sie kommen kurz dazu sagen würden. Genug der Vorrede, ich übergebe das Wort an Professor Dr. Immenga aus Göttingen.

*Professor Dr. Immenga*

Vielen Dank, Herr Kollege Schwintowski.
Ich habe die besondere Freude, daß ich dieses Panel heute nachmittag hier moderieren darf. Die Freude bezieht sich auch auf die Tatsache, daß wir hier in der Humboldt-Universität sind. Die Humboldt-Universität hat in der Universitätsgeschichte eine hervorragende Bedeutung: seit den Grün-

---

1 Herr Haag ist Beamter der Europäischen Kommission. Er vertritt seine persönliche Auffassung.

dungsjahren ist sie wegweisend für eine Entwicklung der Universität, die uns bis heute bestimmt. Eine Geschichte, die weit über die Grenzen Berlins hinausgewirkt hat, und – wenn ich aus Zeitungsberichten richtig informiert bin – eine Universität, die einen neuen Abschnitt beginnt mit Verträgen zwischen Senat und Universität, die zu einer größeren Autonomie der Universität führen sollen.

Eine kleine Einschränkung meiner Freude muß ich konstatieren: Wenn ich es ganz plakativ sage: Ich würde jetzt lieber im Bundeskartellamt sitzen. Das hat mit der Sache zu tun, denn es ist lange diskutiert worden, inwieweit Telekommunikation in dem Sinne etwas Besonderes ist, daß sie nicht der allgemeinen Wettbewerbsaufsicht in der Bundesrepublik unterstellt werden kann. Es ist von den verschiedensten Seiten vorgeschlagen worden, die Frage der Deregulierung und der Rest-Regulierung in der Telekommunikation denen zu überlassen, die für den Wettbewerb in der Bundesrepublik in 40 Jahren erfolgreich verantwortlich gewesen sind. Für Sonderfragen könnte eine besondere Beschlußabteilung ergänzend zuständig sein. Man ist einen anderen Weg gegangen. Wir haben ein Spezialgesetz und eine Regulierungsbehörde, die ein halbes Jahr vor Übernahme ihrer Aufgaben noch nicht etabliert ist. Wichtige Fragen werden noch vom Ministerium entschieden. Das Bundeskartellamt bleibt insoweit von der Wettbewerbsöffnung ausgeblendet. Nur insoweit wäre ich heute lieber in den Räumlichkeiten des Bundeskartellamts. Dies soll meine Freude hier zu sein nicht einschränken.

Wir befassen uns mit einem besonderen Markt, das haben wir heute deutlich gehört. Ich darf nur zwei Gesichtspunkte noch einmal ansprechen. Die Schwierigkeiten liegen einmal – man mag abwägen, welche die größere ist – in den technischen Bedingungen, die auf diesem Markt bestehen und die zu dessen ursprünglicher Monopolisierung geführt hatten. Das sind Fragen der Zusammenschaltung, der Interconnection, Entbündelung, Frequenzordnung usw. Dies ist die eine Sondersituation, die zunächst nur technische Bedeutung hat, als Marktzutrittsschranke jedoch von zentraler Bedeutung ist. Der zweite Gesichtspunkt ist der des bereits besetzten Marktes. Um es noch einmal deutlich zu machen: Es besteht eine ganz andere Situation als beim Mobilfunk. Dort hatten wir einen noch völlig unterentwickelten Markt mit geringem Versorgungsgrad. Etablierte Unternehmen mußten nicht konkurrenziert werden, um Marktanteile zu erringen. Wer zuerst kam, mit entsprechenden Innovationen und Angeboten, hatte den Vorteil. Diese Bedingungen gelten in keiner Weise für das Sprachtelefon, wo die Liberalisierung uns noch bevorsteht. Hier haben wir es mit einem besetzten Markt zu tun, und es geht für die Wettbewerber darum, in diesem Markt Fuß zu fassen. Deutschland hat ein Gesetz, das weithin als liberal bezeichnet wird und im internationalen Vergleich sicher auch so gesehen wird. Wir haben aber in den Vorträgen auch deutlich erfahren, welche Schwierigkeiten in der Anwendung des Gesetzes liegen. Anwendung, das heißt einmal Interpretation, aber auch Durchsetzung. Es handelt sich um wichtige institutionelle Fragen, Fragen der Regulierungsbehörde. Hiermit werden wir uns zu befassen haben.

Ich darf nunmehr das Panel vorstellen.

First of all I would like you, Ms. Walker, to speak to us. Before you begin, please give me a moment to present the panel here to the audience. We are very glad that you had the possibility to come to speak to us on the basis of the experiences in the United Kingdom.

Frau Walker ist, wie sie dem Programm entnehmen können, Deputy Director General of the Office of Telecommunications (Oftel) in London.

As I just mentioned, we are going to have your experiences, your perspective on the development in Germany.

Und dann würde ich Herrn Fuhr um seinen Beitrag bitten. Er ist Director of Legal Affairs der o.tel.o. GmbH.

Herr Fuhr wird aus der Sicht eines deutschen Wettbewerbers sprechen. Er wird vielleicht auch die Gelegenheit nutzen, über Fragen des Wiederverkaufs zu sprechen, die heute morgen von Frau Dr. Lübben in die Diskussion eingeführt wurden. Vielleicht auch zu der Interconnectionverfügung, zur Frage der Entbündelung, die wir vor zwei Tagen als Entscheidung des Bundespostministers bekommen haben.

Dann würde ich die Vertreterin der Telekom, Frau Errens, um Ihr Statement bitten. Frau Errens ist Fachbereichsleiterin Regulierungsstrategie Europäische Union der Deutschen Telekom AG, wie Sie es dem Programm entnehmen können. Frau Errens wird sicher etwas dazu sagen können, wie die Telekom sich im System der Regulierung und des Wettbewerbs sieht. Wobei man wohl nicht übersehen darf, daß Telekommunikation nicht nur vom deutschen Markt und vom deutschen Gesetz bestimmt wird, sondern auch von internationalen Märkten und den Entwicklungen, die wir in anderen Ländern haben.

Und last, not least, würde ich Herrn Marcel Haag von der DG IV, der Wettbewerbsdirektion aus Brüssel bitten, zu uns zu sprechen. Ich darf dazu zwei Sätze vortragen, die ich heute morgen der Zeitung entnommen habe. Hier ist die Rede von einem Bericht der EG-Kommission über die Entwicklung auf den Telekommunikationsmärkten. Der Bericht enthält eine konkrete Bewertung der Liberalisierungsschritte. Zur Situation in Deutschland heißt es: Mit dem Telekommunikationsgesetz von 1996 sei der ordnungspolitische Rahmen für die Liberalisierung gegeben. Durch den Einfluß des Beirates, und jetzt sind wir schon bei institutionellen Fragen, könnten hinsichtlich der Unabhängigkeit der deutschen Regulierungsbehörde Schwierigkeiten entstehen. Es wäre also sicher für uns alle interessant, wenn Sie den Blick aus Brüssel auf Deutschland richten würden. Welche Noten erteilen Sie uns im Vergleich mit anderen EG-Mitgliedstaaten?

Ich darf nunmehr die Mitglieder des Panel um ihr Statement bitten.

*Ms. Walker*

Thank you very much for inviting me here today, given that this is clearly a very exciting time for Germany in terms of telecommunications. In the UK we have had a liberalized telecommunications market since 1984.

I will not go through these slides here in detail because of the time factors, but I am trying to make the important points. There is absolutely no doubt of the benefits that liberalized telecommunications brought the UK. Prices overall have actually fallen by 40% for business customers and about 30% for residential customers.

Oftel's goal, I am speaking very much to you as a practical regulator here, our goal is the best possible deal for customers. We do not focus on the competing operators. It is what is best for the customers that we are aiming at and we are to achieve this through the promotion of network and services competition. In addition, ensuring fair trading and consumer protection remains necessary where there is no effective competition.

We believe that both network and services competition is extremely important. What we have in the UK and indeed have on the ground now, is competing interconnecting networks and we have them at all levels in the market, international, long-distance and local. I would entirely agree that it is the local network which is the one which is most likely to be the bottleneck and is therefore the one we have focused most of our attention on in trying to open up. We believe that, unless we can open up the local network, you will never get rid of us as regulators and we would agree with Professor Schwintowski that that was the best thing you can do. Get rid of your regulators sooner rather than later.

The important theme of this slide – which, again, I won't go through in detail – is that the reason perhaps you need a regulator at the outset is, that our job actually was the promotion of competition. We actively promoted competition in the first instance in the UK market in a number of different ways. We issued licences for new entrants for new technologies and we have imposed more regulation on our dominant operator BT than on other operators in the market, particularly, in requiring them to geographically average their prices, so they cannot drop prices just where they see competition in the market. Also we require BT to price for classes of customers not individuals. We feared that if we did not do that what BT would do was to drop some prices extremely low for some customers which none of the new entrants then rolling out their networks could match.

The issue that I have spent most time on since I have been at Oftel, and I have been at Oftel about 5 years, is interconnection. I thought I would dwell on that for a few minutes, because I know that is an issue that is important here, too. Interconnection is absolutely vital to network competition. Nobody can build a new network across the whole of a country and therefore interconnection is vital. We have made a certain number of mistakes on the way in the UK, I have to say. To begin with, the arrangements were commercial negotiations between the parties. If those broke down they came to us at Oftel. That did not work. So we moved on to another stage in our interconnection regime.

We moved into a situation where we determined 60 plus standard prices for the use of BT's network. Now, this involved a level of unbundling and pricing separately for BT's network services. Not unbundling as the Americans mean it actually, but we can come back to that later. We underpinned these standard prices by a system of accounts that we required from BT. We required BT to publish separate network and retail accounts. The problem that we face, or faced, was that BT was supplying the new entrants with an essential network service and it was actually competing in the same retail market as them. So we had to be clear whether the prices that BT was charging for interconnection were fair or not. So the first thing was to separate the network operations of BT – in accounting terms only – from the retail operations. We required BT to charge itself the same as it charged competing operators and to have in place – we published these regulatory accounts so that they could be seen – an audit test. BT's auditors signed the test off. But it is our test and it requires them to produce those accounts to our regulatory requirements. Those regulatory requirements include certain rules about cost allocations. Now we are about to move on from what is really quite an interventionist arrangement to another stage of the interconnection regime, but this stage has been extremely successful in pitching interconnection prices right in the UK. Ever since we introduced this regime in 1995 interconnection prices have come down by 15% each year in the UK and they are now the lowest in the world. However, we are moving to a new regime, because we feel that now we have got these prices at more or less the appropriate level – we should move to a less interventionist regime, i.e. a price cap for network charges. I will not dwell on that because the details of that are too complicated and it is perhaps less relevant to where the German market currently is.

We also discovered that other barriers to entry apart interconnection need attention in a competitive market. We allocate numbers. We have introduced number-portability. We ensure that new entrants have adequate powers to lay cables and we ensure that there is sufficient inter-operability of standards, not complete uniformity, but sufficient inter-operability to allow this mosaic of networks to work.

Fair trading is the other major issue that we spend our time dealing with now. I have already mentioned the dominant company supplying to itself essential services and to its competitors as well. An effective regulatory regime therefore needs extremely strong competition powers and, in that, I think Germany is in a better position than the UK with Articles 85 and 86 EC already incorporated in German Law. And we as a regulator spend a lot of time vigorously pursuing complaints and seeking to bring them to a solution.

Finally, in terms of this sort of major areas of work, I thought I would just say something about our consumer protection work. Where there is no effective competition we still have consumer protection measures, e.g. a price cap on BT, although for lesser and lesser parts of its activities. We have clearly defined universal service requirements and have publication requirements for operators about the quality of service.

So in conclusion, I would say that competition has undoubtedly brought huge benefits to the UK. We believe that competition is needed in networks and services, at all levels. You need it in the local network as well as in the long distance and the international network to have a truly competitive market. Competition in the UK required some promotion of new entrants in its early stages. There are questions of how far you take it, but you need to recognize that the new entrants are investing in a way incumbent is not. Getting interconnection right is crucial.

Tough powers are needed to deal with anti-competitive behavior. A competitive market can actually improve universal service and there are other barriers to entry that need tackling as well.

Finally, very briefly, I want to move on to the challenges for the future. Actually some are challenges for the future and some issues face us right now. There isn't such a thing as a telecommunications market anymore. It's a communications market. It's fixed and mobile telecommunications plus broadcasting. The regulatory system is going to have to move with the market, i.e. to meet the needs of the communications world. Following the WTO talks from January 1998 the market is not going to be domestic anymore, it's going to be international, and regulation will have to recognize that because that's what consumers want. And finally, I very much agree with the comments made this morning that the major challenge in the future for all regulators will be, as soon as competition is effective, to promptly roll back regulation, so the regulator doesn't become a barrier to innovation.

Thank you!

*Professor Dr. Immenga*

Thank you very much, Ms. Walker, you really highlighted the situation in the UK, and in my view it is particularly important to have in mind what you are saying as far as interconnection is concerned: Fixed prices in this area and separate accounting might be a way to speedily proceed in solving the problems. It must have been particularly interesting for Ms. Errens when you were touching the problems of internationalization and when you were going beyond telecommunication to communication.

Wenn ich Sie jetzt bitten darf, Herr Fuhr, aus der Sicht dessen zu sprechen, der den Fuß in die Tür setzt.


*Herr Fuhr*

Meine Damen und Herren,
sehr geehrter Herr Professor Immenga,

gerne bin ich Ihrer Einladung nach Berlin gefolgt. Diese Stadt ist wie geschaffen, um über das Thema »Liberalisierung des deutschen Telekommunikationsmarktes« zu sprechen. Denn Berlin ist ein Symbol der Freiheit und der liberalen Einstellung. Amerikaner und Briten verteidigten die Stadt und halfen uns Deutschen beim Aufbau eines freiheitlich demokratischen Staatswesens.

50 Jahre danach können wir hinsichtlich Freiheit und Liberalisierung wieder von Amerikanern und Briten lernen.

Diesmal nicht im gesellschaftspolitischen Bereich, sondern im ökonomischen Bereich: Dem Telekommunikationsmarkt. Die USA und Großbritannien haben den Weg vom Monopol zum Wettbewerb im TK-Markt erstmals vor mehr als 15 Jahren beschritten. Sie haben diesen Zeitraum von über 15 Jahren aber auch benötigt, um Erfahrungen bei der Entstehung von Wettbewerb zu sammeln, diese Erfahrungen auszuwerten und die Erkenntnisse hieraus umzusetzen. D.h. sie haben die Zeit benötigt, um die Weichen so zu stellen, daß heute die Telekommunikationsmärkte in den USA und Großbritannien tatsächlich liberalisiert sind und weitgehend funktionierender Wettbewerb besteht.

Im Gegensatz hierzu will das deutsche Telekommunikationsgesetz (TKG) den Weg vom Monopol zum Wettbewerb in einem einzigen Kraftakt schaffen. Aber da wir alle wissen, daß man ein Monopol nicht ausknipst wie einen Lichtschalter und umgekehrt einen funktionierenden Wettbewerb in einem ehemals monopolisierten Markt nicht per Knopfdruck entstehen lassen kann, muß eines ganz klar werden: Ein liberales Telekommunikationsgesetz alleine schafft keinen Wettbewerb. Entscheidend ist vielmehr, daß der Regelungsinhalt des Gesetzes konsequent umgesetzt wird.

Mit anderen Worten: Es genügt nicht, das TKG als »das liberalste Telekommunikationsgesetz der Welt« zu feiern. Zielsetzung und Anspruch muß es vielmehr sein, auf Basis des Telekommunikationsgesetzes den liberalsten Telekommunikationsmarkt zu schaffen. Hierin besteht die Herausforderung.

Ich möchte einige Beispiele dafür geben, welche Meilensteine den Weg vom Monopol zum Wettbewerb im deutschen Telekommunikationsmarkt markieren und welche Voraussetzungen erforderlich sind, um erstmals chancengleichen Wettbewerb entstehen zu lassen:

Wichtige Beispiele sind:

1. Das Thema »Interconnection«
2. Das Thema »Entbündelung«
3. Das Thema »Regulierungsbehörde«


*1. Interconnection*

Die entscheidende Stellschraube für die Entstehung von Wettbewerb sind die Interconnection-Bedingungen und Interconnection-Tarife.

Es liegt auf der Hand, daß jedes neue Telekommunikationsunternehmen insbesondere in den Anfangsjahren maßgeblich auf die Mitbenutzung der Netzinfrastruktur des ehemaligen Monopolisten – in Deutschland also der Deutschen Telekom – angewiesen ist. Folgerichtig gehen das TKG und die Zusammenschaltungsverordnung von einer umfassenden Zusammenschaltungsverpflichtung für marktbeherrschende Unternehmen aus. Im Gegensatz zu international üblichen Regelungen hat man es in Deutschland aber versäumt, in der Zusammenschaltungsverordnung Standard-Interconnectionbedingungen vorzugeben. D.h. es wurde versäumt, einen Grundkatalog von Zusammenschaltungsanforderungen zu definieren, die die Deutsche Telekom von vornherein jedem Wettbewerber anbieten muß. Statt dessen gilt in Deutschland das Prinzip der freien Interconnection-Verhandlungen. Und da kein marktbeherrschendes Unternehmen geneigt ist, freiwillig auch nur einen Prozentsatz seines Marktanteiles abzugeben, liegt es einerseits auf der Hand, daß sich derartige Verhandlungen langwierig und zäh gestalten. Zum anderen – und das ist die viel bedrohlichere Konsequenz – hat dies aber auch zur Folge, daß sich die Entstehung von Wettbewerb verzögert.

Hierbei muß man sich eines klar vor Augen halten: Das Telekommunikationsgesetz hilft an dieser Stelle nur eingeschränkt weiter. Die Anrufung der Regulierungsbehörde zwecks Entscheidung streitiger Interconnection-Fragen ist jedem der Verhandlungspartner zwar für den Fall möglich, daß die Verhandlungen gescheitert sind. Ansonsten läßt das geltende Recht aber nur eine einvernehmliche Einberufung der Regulierungsbehörde durch beide Verhandlungspartner zu und auch hier nicht zur streitigen Entscheidung, sondern zur Streitschlichtung während laufender Verhandlungen.

Es bedarf m.E. keiner Vertiefung, daß die hier beschriebenen Verfahrensregeln des TKG einerseits und das Nichtvorhandensein von Standard-Interconnectionbedingungen andererseits durchaus geeignet sein können, die schnelle Entstehung von Wettbewerb zu blockieren.

*2. Entbündelung*

Viele von Ihnen haben sicherlich der Presse entnommen, daß einige neue Wettbewerber – nämlich neben o.tel.o noch Arcor und NetCologne – vor einigen Wochen die Regulierungsbehörde angerufen haben. Ziel ist es, die Deutsche Telekom zu verpflichten, Zugang zur unvermittelten Teilnehmeranschlußleitung zu gewähren. Was ist hiermit gemeint?

Die Netzzugangsverordnung regelt unter anderem das sogenannte Entbündelungsgebot. Danach hat die Deutsche Telekom als marktbeherrschendes Unternehmen Wettbewerbern unter anderem Übertragungs- und Vermittlungseinrichtungen in einer Weise anzubieten, daß keine Leistungen abgenommen werden müssen, die nicht nachgefragt werden.

Die Antragsteller begehren den Anschluß an den jeweiligen Kupferdraht ohne jegliche Zusatzleistung der Deutschen Telekom (unter Gewährleistung der grundlegenden Anforderungen). Das bedeutet, daß die Wettbewerber unmittelbar hinter dem Hauptverteiler der Deutschen Telekom den jeweiligen Kunden in ihr Netz übernehmen wollen. Ziel ist es, so dicht an den jeweiligen Kunden heranzukommen, wie es technisch möglich ist. Diesen Zugangsanspruch lehnt die Deutsche Telekom – obwohl gesetzlich festgeschrieben – ab. Ihr Modell sieht vor, daß die Wettbewerber natürlich den Teilnehmer in ihr Netz übernehmen können, jedoch nicht an der von ihnen gewünschten Stelle, sondern vermittelt über eine zusätzliche technische Einrichtung. Dabei muß man berücksichtigen, daß gerade diese zusätzliche technische Einrichtung von der Telekom selbst in den meisten Fällen nicht genutzt wird.

Das von der Deutschen Telekom angebotene Modell ist m.E. vollen Umfanges diskriminierend; denn

*erstens* sollen die Wettbewerber eine Leistung nutzen und bezahlen, die sie tatsächlich nicht benötigen;

*zweitens* verhindert dieses Leistungsangebot jegliche technische Flexibilität, weil die Kunden nicht einzeln und unmittelbar, sondern nur in gebündelter Form übernommen werden können; und

*drittens* hätte diese Anbindung zur Folge, daß die Wettbewerber bei zukünftigen Veränderungen oder der Erprobung neuer Technologien etc. stets die Deutsche Telekom mit ins Boot nehmen müßten.

Bei dieser Sachlage drängt sich der Mißbrauch einer marktbeherrschenden Stellung durchaus auf und es liegt nahe, daß sich ein neuer Wettbewerber mit dieser Situation nicht abfinden kann und deshalb den Regulierer anruft.
 Übrigens: Kaum hatte o.tel.o den Regulierer in dieser Sache angerufen, erhielten wir postwendend ein Schreiben der Deutschen Telekom, in dem sie uns mitteilte, daß die Verhandlungen auf Zugang zur Teilnehmeranschlußleitung vorerst auf Eis gelegt würden. Wenn es nur eines Beweises bedurft hätte, daß der Deutschen Telekom jeder Anlaß zur Verzögerung von Verhandlungen mit Wettbewerbern recht ist, dann hat sie ihn hiermit geliefert.

## 3. Regulierungsbehörde

Meine Damen und Herren: Die zuvor beschriebenen Entwicklungen im Deutschen Telekommunikationsmarkt können niemanden überraschen. Es gibt wohl keinen Fall, in dem ein Monopolist freiwillig zum echten und fairen Wettbewerb bereit war. Deshalb zeigen auch hier die internationalen Erfahrungen, daß ohne eine starke und kompetente Regulierungsbehörde kein funktionierender Wettbewerb entstehen kann.
 Was die Regulierungsbehörde betrifft, haben wir in Deutschland allerdings eine etwas andere Situation:
 Obwohl der Telekommunikationsmarkt bereits in weiten Teilen liberalisiert ist – nur das Telefondienstmonopol besteht noch bis zum 31.12.1997 fort – wird die Regulierungsbehörde nach dem Telekommunikationsgesetz mit Wirkung zum 01.01.1998 errichtet. Bis dahin werden die Regulierungsaufgaben von dem Bundesministerium für Post und Telekommunikation wahrgenommen. Es zeichnet sich auch ab – was m.E. richtig ist –, daß der weitaus größte Teil der jetzigen Bediensteten des BMPT's zum 01.01.1998 in die neue Regulierungsbehörde überwechseln wird.

Gleichwohl ergeben sich zwei kritische und für die Entstehung funktionierenden Wettbewerbes essentielle Fragen:

1. Kommt diese Regulierungsbehörde nicht zu spät?

und

2. Verfügt die zukünftige Regulierungsbehörde über die umfassenden Fähigkeiten zur Marktöffnung?

Um die Antwort auf die erste Frage gleich vorweg zu nehmen: M.E. ist der nach dem TKG festgelegte Errichtungszeitpunkt 01.01.1998 zu spät. Die relevanten Fragen der Marktöffnung müssen jetzt entschieden werden: D. h. in den restlichen Monaten dieses Jahres wird der BMPT nicht nur über den zuvor beschriebenen Anspruch auf Zugang zur unvermittelten Teilnehmeranschlußleitung zu entscheiden haben. Er wird z.B. auch auf der Basis langfristiger Zusatzkosten die Interconnection-Tarife festlegen müssen. Hierbei geht es um vielschichtige Fragen der Kostenrechnung, was z.B. ein Teilnehmeranschluß oder die Terminierung von Gesprächen im DTAG-Netz pro Minute kosten darf, wie die Gemeinkosten der Deutschen Telekom ermitteln und auf einzelne Dienste verteilt werden. D.h. es werden Schlüsselentscheidungen für die erstmalige Entstehung von Wettbewerb getroffen!

Gerade deshalb muß an dieser Stelle aber die Frage erlaubt sein, ob der BMPT tatsächlich in der Lage ist, diese Schlüsselfunktion uneingeschränkt wahrzunehmen. Wenn man berücksichtigt, daß das zentrale Thema der Interconnection-Regulierung zur Zeit im Verantwortungsbereich von drei Bediensteten des BMPT liegt, entstehen hieran durchaus Zweifel.

Und damit möchte ich zur Beantwortung der zweiten Frage überleiten:

Ein wesentlicher Aufgabenschwerpunkt der Regulierungsbehörde dürfte auf dem Gebiet der Ökonomie und des Wettbewerbsrechts liegen und damit auf Gebieten, die das Bundesministerium für Post und Telekommunikation bisher nicht – zumindest aber nicht in dem zukünftig erforderlichen Umfange – abdecken mußte. Dies heißt im Klartext, daß die zukünftigen Regulierungsaufgaben nur dann bewältigt werden können, wenn die Regulierungsbehörde mit zusätzlichem Personal und hier primär mit Ökonomen und Wettbewerbsrechtlern ausgestattet wird.

Diese Forderung ist nicht neu, sondern wird in der Öffentlichkeit schon seit Monaten kontrovers diskutiert. Wenn aber der liberale Ansatz des Telekommunikationsgesetzes wirklich ernst gemeint ist – und hieran sollen und dürfen keine Zweifel bestehen – müssen Mittel und Wege gefunden werden,

- um diese personelle Ausstattung der Regulierungsbehörde zu sichern,
- um die Regulierungsbehörde unverzüglich aufzubauen,

- um die konsequente Marktöffnung in transparenten Regulierungsverfahren effizient zu betreiben.

Meine Damen und Herren: es geht nicht darum, ob die Wettbewerber erfolgreich im deutschen Telekommunikationsmarkt operieren können. Es geht darum, ob Millionen privater Kunden und Unternehmen günstiger und besser kommunizieren können. Es geht um die Schaffung neuer, zukunftsträchtiger Arbeitsplätze. Es geht darum, wie attraktiv der deutsche Standort für ausländische Investoren ist. Es geht um die Stellung, die Deutschland in einer globalisierten Weltwirtschaft, die über Informationstechnik und Telekommunikation zusammengehalten wird, spielt.

*Professor Dr. Immenga*

Wir sind Ihnen sehr dankbar für Ihre Sichtweise, Herr Fuhr. Sie haben ein im übrigen wunderbares Beispiel dafür geliefert, was der große Ordoliberale Franz Böhm als die List der Idee bezeichnet hat. Es gilt zu erkennen, daß durch den Wettbewerb, durch die Wahrnehmung von Eigeninteressen im Wettbewerb, dem Gemeinwohl gedient wird. Das steht letztlich auch hinter dem Telekommunikationsgesetz. Sie haben ferner sehr ernstzunehmende Worte geäußert zu den Schwierigkeiten des Marktzutritts wie auch zu der Regulierungsbehörde und deren Umfeld. Dies wird weiterhin Diskussionsgegenstand sein. Vielen Dank und ich darf das Wort weitergeben an Frau Errens, die sicher manches hierzu zu sagen hat.

*Frau Errens*

Ich danke Ihnen und ich danke Ihnen auch sehr für die Einladung zu dieser Podiumsdiskussion. Vorneweg – Herr Fuhr, ich hoffe, Sie verzeihen mir das jetzt – so ist das bei Verhandlungen mit o.tel.o und DTAG.

Die mir hier zugedachte Rolle ist die des Monopolisten auf dem Weg in den Wettbewerb. Die Aussage auf dem Weg in den Wettbewerb ist schon nicht ganz korrekt, denn tatsächlich ist es so, daß wir bereits Wettbewerb in Deutschland haben. Schon seit Jahren gehört Deutschland zu einem stark umkämpften Telekommunikationsmarkt, weltweit. Die Deutsche Telekom steht mit einer Vielzahl von Diensten, wie beispielsweise dem Mobilfunk, der Daten- und Satellitenkommunikation, schon seit langem im entscheidenden und harten Wettbewerb. Auch der Aufbaubetrieb alternativer Infrastrukturen kann seit 1.8.1996 durch andere Unternehmen als die Deutsche Telekom realisiert werden. Inzwischen hat der Bundesminister für Post- und Telekommunikation 30 regionale und bundesweite Lizenzen vergeben.

Am 1. Januar 1998, nun in der Tat, fällt das entscheidende Monopol. Die Sprachtelefondienstleistungen. Für die Öffentlichkeit können sie dann von allen Telekommunikationsunternehmen erbracht werden. Wir, die Deutsche Telekom, wollen diesen Wettbewerb. Es heißt nicht von ungefähr, Wettbewerb belebt das Geschäft, und auch wir glauben daran. Auch für uns ist Wettbewerb ein Schlüssel zur Erschließung neuer Wachstumspotentiale und zur Steigerung unserer Leistungsfähigkeit. Dies zeigt sicherlich die Entwicklung der vergangenen Jahre. Wir haben uns entwickelt von einer staatlichen Fernmeldeverwaltung zu einem internationalen Telekommunikationsunternehmen. Wir sind nicht mehr länger nur ein nationaler Netzbetreiber, sondern ein global ausgerichteter High-Tech Dienste-Anbieter. Wir wollen den Wettbewerb nicht nur, sondern wir brauchen ihn auch dringend.

Damit komme ich zu einem Punkt, der heute morgen sehr häufig angesprochen worden ist, der asymmetrischen Regulierung. Wir brauchen Wettbewerb, um das etwas flapsig auszudrücken, »to get the regulator from our back«. Auch wir sind dafür, daß wir möglichst schnell ohne Regulierung leben können. Im einzelnen eingehen möchte ich auf die asymmetrische Regulierung hier nicht mehr. Das hat Herr Professor Schwintowski bereits gemacht.

Sie alle haben gehört, daß wir stark belastet oder stark reguliert sind im Bereich Preisgestaltung, Universaldienst und auch Interconnection beispielsweise. Auf Interconnection möchte ich eigentlich erst später in der Diskussion eingehen. Soweit nur in diesem Zusammenhang: In der Tat wird bei uns Interconnection frei verhandelt. Es geht auch. Wir haben den ersten Interconnection Vertrag abgeschlossen. Sie haben es sicherlich auch der Zeitung entnehmen können: WorldCom und DTAG haben am Dienstag abgeschlossen. Der Vertrag wird nunmehr dem BMPT zur Genehmigung vorgelegt.

Zum Thema »Entbündelung« und der Verpflichtung des BMPT zur Abgabe eines neuen Angebots bis zum 4. Juni 1997. Hierzu ist zu sagen, daß das Angebot von uns bereits seit längerer Zeit vorgelegt worden ist. Es lag ein neues Angebot bei den Wettbewerbern vor, bevor das BMPT dies angeordnet hat. Bisher sind dazu von den Wettbewerbern, soweit mir bekannt ist, keine Stellungnahmen eingegangen.

Zurück jetzt aber zur asymmetrischen Regulierung. Es kann natürlich nicht so sein, daß es immer bei der Regulierung – so wie sie ist – bleibt. Ziel dieser Regulierung ist es, neuen Anbietern Eintritt in den Markt zu gewähren oder dabei behilflich zu sein. Zukünftig muß sich Regulierung, unserer Auffassung nach, aber an folgenden Kriterien messen lassen:

Erstens: Wo immer möglich, sollte der Markt und nicht der Staat das Verhalten der Marktteilnehmer bestimmen, d.h. die Regulierungsintensität muß schrittweise reduziert werden.

Regulierung sollte, zweitens, nur dort angewendet werden, wo auch tatsächlich eine marktbeherrschende Stellung der Deutschen Telekom, oder eines anderen Unternehmens besteht. Keinesfalls darf es in Bereichen zu einer Regulierung kommen, wo dies sachlich nicht mehr gerechtfertigt ist. Dies bedeutet, daß kontinuierlich überprüft werden muß, auf welchen sachlich und räumlich relevanten Märkten tatsächlich eine marktbeherrschende Stellung eines Unternehmens besteht.

Und drittens, die Regulierung sollte sich auf die Verhinderung mißbräuchlicher Verhaltensweisen beschränken, d.h. es darf nicht dazu kommen, daß Unternehmen künstlich einen Marktvorsprung erhalten, zu Lasten anderer Anbieter. Dies würde Wettbewerbsverzerrungen zur Folge haben.

Lassen Sie es mich noch deutlicher sagen: Es darf nicht so sein, daß die Deutsche Telekom ihre Wettbewerber huckepack in den Markt hineinträgt. Als Hauptadressat staatlicher Regulierung sind wir naturgemäß an einer kompetenten, souveränen und unabhängigen Regulierungsbehörde interessiert. Es liegt in unserem besonderen Interesse, daß die neue Regulierungsbehörde so schnell wie möglich aufgebaut wird, damit sie ab dem 1. Januar 1998 arbeitsfähig ist. Vielfach, und auch heute morgen ist gesagt worden, daß wir eigentlich nicht so starkes Interesse daran haben, einen unabhängigen Regulierer zu bekommen, da die Bundesregierung und insbesondere auch das BMPT in einem Konflikt steht, da sie zu großen Teilen die Deutsche Telekom besitzt. Dies merkt man in der Praxis allerdings nicht.

Ich habe jetzt einiges zur nationalen Regulierung gesagt, d.h. der Regulierung des Telekommunikationsmarktes Deutschland. Es gibt aber keine Dienstleistung, die so international ist wie die Telekommunikation. Telekommunikation überschreitet nicht nur Grenzen, sondern Telekommunikation löst Grenzen auf. Man merkt die Internationalität auch daran, daß alle wichtigen deutschen Carrier sich in Kooperation mit ausländischen Carriern befinden. Auffallend ist aber, daß sich die deutsche und auch die europäische Telekommunikation offensichtlich nicht sehr stark interessiert für die internationale Regulierung. So war bei den WTO-Verhandlungen zu beobachten, daß die Telekommunikationsindustrie allenfalls beobachtend tätig war, aber nicht in einem Maße, wie beispielsweise amerikanische Carrier das tun, gestaltend an den Verhandlungen beteiligt. Bei der Regulierung des nationalen Marktes sollten wir nicht vergessen, daß der Markt erheblich größer ist; daß auf diesem großen Markt aber die Startchancen deutscher und auch europäischer Unternehmen nicht unbedingt vergleichbar sind mit denen der amerikanischen Unternehmen, beispielsweise in Deutschland. Es ist immer noch so, daß der deutsche Markt vollkommen offen ist, während der amerikanische Markt es einem deutschen Unternehmen nicht gestattet, eine radio licence zu erwerben. Dies geht in Amerika nur indirekt, und dies ist nach den WTO-Verhandlungen immer noch so. Wir sollten uns, und dies ist jetzt ein Appell meinerseits, ein Beispiel an amerikanischen Carriern nehmen, die bei Verhandlungen einer solchen internationalen Regulierung stets zusammenstehen. Ich finde, auch wir sollten dort Wettbewerber sein, wo wir Wettbewerber sein müssen und wo es dem Markt gut tut, aber wir sollten auch dort zusammenstehen, wo es der gesamten deutschen Telekommunikationsindustrie gut tut und ich hoffe, daß wir in Zukunft im internationalen regulatorischen Bereich stärker zusammenrücken können und da auch gemeinsam zusammen arbeiten können.

Ich danke Ihnen für die Aufmerksamkeit.

*Professor Dr. Immenga*

Vielen Dank, Frau Errens. Sie haben ein liberales, ein offenes Bild entworfen; ein sehr zurückhaltendes Ambiente aufgezeigt, seitens der Telekom, die ja doch etwas in einem schiefen Licht steht. Sie haben dargestellt, daß auch die Telekom aus Ihrer Sicht sich der Liberalisierung stellt, dem Wettbewerb gegenüber offen ist und auch die internationalen Aspekte sieht. Wenn wir von Märkten sprechen, dann geht es nicht nur um den deutschen Markt, sondern immer um den internationalen Markt, so daß mit der Entwicklung grenzüberschreitender Beziehungen in den Telekommunikationsdiensten eine andere Marktsituation auch für die Telekom zu erwarten ist. Eine derartige Entwicklung kann die Telekom befreien aus der bestehenden Sonderaufsicht über das marktbeherrschende Unternehmen.

Wir kommen, last not least, zu Herrn Haag von der Wettbewerbsdirektion in Brüssel. Ich hatte schon auf den jüngsten Bericht der Kommission hingewiesen. Brüssel hat, wie heute immer wieder hervorgehoben wurde, die nationalen Vorstellungen überwindend Liberalisierungsanstöße gegeben. Die Generaldirektion hat jedoch nicht nur angestoßen, sondern wie der Bericht zeigt, hat sie auch ein Auge darauf, wie in Europa die Telekommunikation sich entwickelt. Ich hatte eingangs ein kritisches Wort vorgelesen aus der Wiedergabe ihres letzten Berichtes. Sie werden sich sicher hierzu äußern.

*Herr Haag*

Das wird uns in Zukunft mit einer zunehmenden Globalisierung der Märkte auch in der Telekommunikation beggnen, wenn auch sicher unter etwas anderen Vorzeichen. Ich habe die Absicht, ein Statement zu machen, das einen Gebrauchswert hat. Diesen nützlichen Teil würde ich gerne voranstellen. Ich möchte den Literaturhinweis von Herrn Prof. Schwintowski noch um einen weiteren Literaturhinweis ergänzen. Wenn man sich wirklich im Detail und zeitnah über die Aktivitäten der Generaldirektion für Wettbewerb insgesamt, aber speziell im Telekommunikationsbereich informieren möchte, dann kann man das sehr gut im Internet tun. Auf dem Europaserver finden Sie die Information der Kommission (http://europa.eu.int/en/comm/dg04.htm., Anm. d. Red.). Da sind sämtliche Pressemitteilungen, die wesentlichen Vorträge, Artikel usw. des Kommissars und der Mitarbeiter der Generaldirektion IV wiedergegeben. Für den Bereich Telekommunikation und Medien kann ich wirklich sagen, das ist vollständig und schnell und natürlich auch entsprechend preiswert verfügbar. Dank der Unternehmen, die hier ja auch zum Teil vertreten sind. Das war der nützliche Hinweis.

Die prominente Rolle, die die Kommission gelegentlich im Bereich der Telekommunikation spielt, erklärt sich aus den speziellen Aufgaben der Kommission und der Generaldirektion IV. Die Generaldirektion IV spielt im Bereich von Monopolrechten, der Vertrag nennt das besondere und ausschließliche Rechte, Art. 90, eine Rolle, die über die Rolle einer reinen Kartellbehörde, also der Anwendung von Art. 85 und 86, hinausgeht und gibt in diesem Bereich der Kommission eine besondere Verantwortung. Dieses Instrument ist im Bereich der Telekommunikation stärker genutzt geworden, als in allen anderen staatsnahen und verstaatlichten Sektoren. Das bedeutet, daß im Bereich der Telekommunikation das Liberalisierungsprogramm und die Eckpunkte der Liberalisierung europaweit durch Richtlinien der Kommission festgeschrieben worden sind, und dadurch ergibt sich eben eine besonders verantwortungsvolle Rolle der Kommission in diesem Bereich.

Daraus definieren sich dann auch unsere Prioritäten. Das ist eben zunächst die Implementierung dieses Liberalisierungsprogramms, das schrittweise seit 1988 von den Mitgliedstaaten entsprechend dieser Richtlinien durchgeführt werden mußte. Die Implementierung dieser Vorgaben bis zum 1.1.1998 ist eine der höchsten Prioritäten, die die Generaldirektion für Wettbewerb in der Telekommunikation zur Zeit hat. Der Bericht von vorgestern, den Herr Prof. Immenga angesprochen hat, sollte ein politisches Signal setzen, sollte eine politische Übersicht über das geben, was sich in Europa inzwischen getan hat. Der Bericht stellt fest, daß sich in allen Mitgliedstaaten wirklich etwas bewegt und daß in allen Mitgliedstaaten große Fortschritte bei der Liberalisierung gemacht worden sind. Das ist in der FAZ ohne eine Bewertung wiedergegeben worden. In einer großen belgischen Zeitung,»Le Soir«, war zu lesen, dieser Bericht würde wiederum zeigen, daß die Kommission in diesem Bereich einem»intégrisme libérale«, also einem liberalen Fundalismus fröne. Es gibt also auch andere Bewertungen unserer Aktivitäten in diesem Bereich als die, die Sie heute hier überwiegend gehört haben. Was die Implementierung der Richtlinien in der Bundesrepublik Deutschland angeht, sagt dieser Bericht, daß die Grundausrichtung des deutschen Telekommunikationsgesetzes in Übereinstimmung mit den Eckpunkten der Liberalisierungsrichtlinien steht. Dieser Bericht gibt aber kein grundsätzliches, förmliches »Okay« für das deutsche Telekommunikationsgesetz. Im Gegenteil, der Bericht kündigt an, daß wir in den nächsten Monaten Vorschrift für Vorschrift nicht nur des Telekommunikationsgesetzes, sondern auch die zahlreichen Rechtsverordnungen durchgehen müssen.

Wenn man sich Problemfelder anschaut, dann ist sicher, daß die Interconnection ein hervorragendes Testfeld für das deutsche Telekommunikationsgesetz ist. Hier wird sich zeigen, wieviel der Buchstabe des deutschen Gesetzes wert ist. Wir sind recht zufrieden darüber, daß der erste Streitfall, den es im Zusammenhang mit der Anwendung der deutschen Interconnection-Regel dieses Gesetzes gegeben hat, daß dieser erste Streitfall vom deutschen Regulierer schnell gelöst werden konnte, innerhalb der vorgesehenen Frist. Die Kommission hat in einer Mitteilung vom vergangenen Dezember erklärt, daß sie ein spezielles Augenmerk auf die Anwendung der Interconnection-Regeln in den Mitgliedstaaten halten wird und erklärt, daß man bereitsteht, um notfalls auch auf der Grundlage der Wettbewerbsvorschriften einzuschreiten. Da drängen wir uns natürlich nicht hin. Wir wären sicher auch überfordert, wenn wir bei der Vielzahl der zu erwartenden Zusammenschaltungsvereinbarungen in alle Verhandlungen miteinbezogen würden. Wir sind deshalb sehr zufrieden darüber, daß der deutsche Regulierer hier eine Lösung gefunden hat.

Ein zweiter Knackpunkt ist sicher – und auch das ist gesagt worden – die Regulierungsbehörde. Es ist von entscheidender Wichtigkeit, daß es schnell eine deutsche Regulierungsbehörde gibt, die glaubwürdig und effektiv das deutsche Telekommunikationsgesetz mit einem liberalen Geist erfüllt. Dazu ist wahrscheinlich die Frage, wie ist die Regulierungsbehörde im Endeffekt ausgestattet, wie sie organisiert ist von sekundärer Bedeutung. Entscheidend ist, mit welcher Einstellung die Akteure an die Arbeit gehen, und das läßt sich natürlich gesetzlich nur sehr schwierig fassen.

Abgesehen von der Implementierung spielen dann Fragen der Kooperation, Joint Ventures und Allianzen für uns eine zentrale Rolle. Das ist ein weiterer Schwerpunkt, den wir als prioritär ansehen. Es ist heute morgen in den Vorträgen bereits herausgekommen: Wir stehen vor einer Globalisierung der Märkte, wir stehen vor einer Konvergenz von Märkten. Die Telekommunikationsmärkte und die Medienmärkte wachsen zusammen und die Unternehmen reagieren darauf, indem sie neue Kooperationen, strategische Allianzen, bilden, die alle der Überprüfung nach den Wettbewerbsvorschriften unterzogen werden müssen. Die Kommission hat hier in einer Serie von Entscheidungen, die von BT/MCI bis zu Atlas/Phoenix/Global One und demnächst auch Unisource und Uniworld geht, klargemacht, daß ganz entscheidend für die Beurteilung solcher Allianzen ist, vor welchem ordnungspolitischen, regulatorischen Hintergrund sich diese Allianzen bilden. Das heißt: Die Kommission stellt einen klaren Zusammenhang her zwischen dem Grad der Liberalisierung von Märkten, dem Grad von Wettbewerb und dem Grad der zulässigen Kooperation auf diesen Märkten.

Dann bleibt natürlich die Mißbrauchsaufsicht ein ganz wichtiges Thema. Es ist ja nicht so, daß wir zum 1.1.1998 zersplitterte Märkte haben, auf denen eine Vielzahl von Akteuren mit relativ geringer Marktmacht tätig sein wird, sondern wir werden auf absehbare Zeit hinaus Märkte haben, in denen ein Unternehmen im ganzen Sektor auf zahlreichen Märkten Marktbeherrscher sein wird. Das bedeutet, daß die Mißbrauchsaufsicht in sehr vielen Fallkonstellationen heranzuziehen ist.

Damit stellt sich auch die Frage der Effizienz des Regulierungssystems überhaupt. Wir haben heute morgen schon gehört, daß es verschiedene Ebenen der Regulierung und auch verschiedene Normgruppen gibt. Es gibt das sektorspezifische nationale Telekommunikationsrecht, es gibt sektorspezifische telekommunikationsrechtliche Vorschriften auf Gemeinschaftsebene, es gibt das WTO-Abkommen, das zunehmend eine Rolle spielen wird, verschiedene Rechtsmassen also und jeweils auch verschiedene Behörden, die diese verschiedenen Rechtsvorschriften anwenden. Und hier ist es wichtig, daß wir zu Formen effizienter Kooperation zwischen den verschiedenen Institutionen kommen. Wir haben dazu unsere Vorstellungen in einer Mitteilung vom vergangenen Dezember erläutert und nach unserer Vorstellung sind es die nationalen Regulierungsbehörden, die primär in die Pflicht zu nehmen sind. Wir werden also das Ermessen, das die Kommission hat, beim Aufgreifen von wettbewerbsrechtlichen Einzelfällen dahingehend ausnutzen, daß wir Priorität den nationalen Regulierungsbehörden geben werden, und nur für den Fall, daß diese in einer zumutbaren Zeit, die in dieser Mitteilung im Regelfall als ein Zeitraum von 6 Monaten definiert worden ist, ein Problem nicht aus der Welt schaffen können, wird die Kommission diese Fälle aufgreifen. Dies geschieht auch wieder in dem Bemühen, Ressourcen auf die wirklich zentralen Fragen zu konzentrieren. Wenn Sie sich die Mitarbeiterzahlen ansehen, die für die nationale Regulierungsbehörde in der Diskussion sind, und wenn Sie dann sehen, welche Mitarbeiterzahlen bei der Kommission vorhanden sind, dann wird Ihnen klar, daß die Kommission sich wirklich nur mit den zentralen Fragen auseinandersetzen kann.

Für die Zukunft wird das heißen, daß wir nicht bei der Liberalisierung von Telekommunikationsinfrastrukturen und Telekommunikationsdiensten stehenbleiben werden, sondern uns Gedanken darüber machen müssen, wie wir in Zukunft globale und konvergierte Telekommunikations- und Medienmärkte organisieren. In der Diskussion um das digitale Fernsehen in Deutschland bietet sich jetzt ein reiches Anschauungsmaterial. Wir müssen die Globalisierung der Dienstangebote angehen. Hier ist das Internet der prominenteste Dienst. Zum Internet haben wir in einer Mitteilung erklärt, daß das Internet für uns ein liberalisierter Dienst ist, der gegenwärtig keiner

Regulierung bedarf. Wir haben allerdings gleichzeitig gesagt, daß man sich das anschauen muß, insbesondere im Hinblick auf die Entwicklung der Internettelefonie. Vielleicht muß man an einem bestimmten Punkt sagen, die Dinge sind jetzt soweit zusammengewachsen, daß wir auch das Internet als ein klassisches Telefondienstangebot ansehen.

In diesem Transformationsprozeß wird eine strikte Wettbewerbsaufsicht nach wie vor notwendig sein. Das vorrangige Ziel einer solchen Wettbewerbsaufsicht muß aber sein, die Öffnung der Märkte zu gewährleisten und offene Märkte dauerhaft zu sichern. Primäres Ziel der Telekommunikationspolitik auf europäischer Ebene ist es jedenfalls, Vertrauen der Investoren und Akteure darauf zu schaffen, daß effektiver Wettbewerb dauerhaft möglich ist. Vielen Dank!


*Professor Dr. Immenga*

Vielen Dank, Herr Haag. Das trifft sich, wenn ich es richtig sehe, mit den Vorstellungen von Frau Errens, den Vorstellungen der Telekom, die sich hier in einem Prozeß der Internationalisierung sieht. Es ist wichtig zu sehen, daß auch insoweit die Wettbewerbsdirektion in Brüssel die kommende Entwicklung verfolgt. Sie ermöglicht uns unmittelbar einen Vergleich, wie in den anderen Ländern die Liberalisierung fortgeschritten ist, welche Fragen aufgetreten sind, welche Schwierigkeiten gelöst werden konnten.

Abschließend würde ich Herrn Fuhr noch bitten – und er ist, glaube ich, daran auch interessiert – ein Wort zu dem zu sagen, was von Frau Errens hier geäußert wurde.


*Herr Fuhr*

Sehr gerne, vielen Dank, Herr Prof. Immenga. Ein kurzes Statement zu zwei Ausführungen von Ihnen, Frau Errens. Zum einen zum Thema Entbündelung. Es ist leider so: Wir haben im Moment den Mißbrauch einer marktbeherrschenden Stellung durch die Telekom, und was das BMPT da vorgestern erklärt hat, trifft leider unverändert zu. Ich stimme Ihnen zwar zu, die Telekom hat am 23. 5.1997 ein modifiziertes Angebot vorgelegt, aber dieses modifizierte Angebot genügt leider immer noch nicht, denn es bietet uns zwar Dinge an, aber leider nicht die, die wir wollen. Damit sind wir immer noch in dem Bereich, den das BMPT als mißbräuchlich bezeichnet hat. Wir warten auf das Angebot, das bis zum 4.6.1997 sicher kommen wird. Der zweite Punkt ist die Aussage: »In Deutschland haben wir schon lange Wettbewerb.« Wir haben den Versuch des Wettbewerbs, aber er funktioniert noch nicht. Damit meine ich nicht das Beispiel GSM Mobilfunk.

Das funktioniert wunderbar mit D1 und D2, wie wir alle sehen und an den tollen Teilnehmerzahlen feststellen können. Die Preise könnten vielleicht etwas günstiger sein. Aber es funktioniert auf vielen anderen Ebenen nicht, Beispiel Datendienste. Datendienste sind seit Ewigkeiten liberalisiert, um das mal so salopp zu sagen; hier hat gar nichts funktioniert, hier war ein Verdrängungswettbewerb und hier hat das Bundeskartellamt entschieden, daß bei den Datex P-Diensten eine unzulässige Quersubventionierung der Telekom erfolgt. Oder das Beispiel Corporate Network. Seit 1.1.93 liberalisiert; auch hier funktioniert es leider nicht, weil die Telekom ihren eigenen Corporate Network Kunden günstigere Tarife gibt als den Konkurrenten. Das sind VIAG, Thyssen, Mannesman und das sind auch wir. Stichwort Großkundenrabatte, Titan oder heute »dial-and-benefit«. Und hier gibt es ja auch ein Beschwerdeverfahren, das anhängig ist in Brüssel. Oder ein anderes Stichwort: Das Joint Venture »Atlas«. Hier hat die EU bestimmte Bedingungen an die Zulässigkeit des Joint Ventures France Telecom/Deutsche Telekom geknüpft. Beide Unternehmen haben ihr Joint Venture vollzogen, bevor die Bedingungen erfüllt waren. VIAG hat sich erfolgreich dagegen gewehrt. Vor einigen Wochen kam die Entscheidung des OLG Düsseldorf. Danke sehr.

Diskussion

Prof. *Dr. Immenga* eröffnete die Diskussion und bat um Fragen. Man wolle die Diskussion nicht auf das Panel beschränken, sondern es sollten sich alle daran beteiligen. Es sei dabei ein ständiges Bemühen von Diskussionsleitern, eine Struktur nach bestimmten Themen in das Gespräch zu bringen. Da es aber auch ein ständig vergebliches Bemühen sei, wolle er hier erst gar nicht den Versuch unternehmen. Man könne allenfalls unterscheiden zwischen den technischen Fragen des Marktzutritts und den Fragen der asymmetrischen Regulierung. Da es aber immer wieder zu Überschneidungen komme, bat er die Teilnehmer um freie Äußerungen, eben so, wie es aus der jeweiligen Sicht richtig erscheine. Nach seiner Einschätzung, so stellte Prof. Immenga voran, bestünden hier ohnehin weniger Kontroversen im Grundsätzlichen. Vielmehr ginge es um das »Wie« der Marktöffnung. Er bat die Teilnehmer noch um Benutzung des Mikrofons. Man möge auch einleitend den Namen und die Institution, die man vertrete, nennen. Dann forderte Prof. Immenga die Zuhörerschaft auf, sich zu beteiligen: »The floor is open. Wer bricht das Eis?«
    Den Anfang machte Prof. *Dr. Schwintowski* mit einer Frage an Frau Errens und Herrn Fuhr zugleich. Er wollte wissen, wie das Resale-Konzept

funktioniere, vor allem, wie sich das für die Telekom rechnen könne. Wenn die Verträge zwischen der Telekom und den neuen Wettbewerbern so lauteten, daß Geschäftskunden ab etwa DM 5.000 Telefonkosten pro Monat von den Newcomern mit Preisen, die 20% unter den z.Zt. marktgerechten lägen, bedient werden dürften, dann würde doch kein Geschäftskunde mehr bei der Telekom bleiben. Zwar zahle der Wettbewerber etwas an die Telekom, 15% dessen, was die Telekom bislang sicher hätte, ginge aber in etwa verloren. Zudem drohe ja noch eine große Gefahr zusätzlich. In Zukunft könnten ja eigentlich alle zur Telekom kommen und Netzzugang verlangen. Von nun an sei jeder, der komme und das gleiche wolle, gleich zu behandeln, solange die Telekom Marktherrschaft habe. Frau Dr. Lübben und Herr Fuhr hätten beide bei diesem Problem nur aus der Perspektive von § 33 TKG diskutiert. Die von Frau Dr. Lübben geschilderte Auseinandersetzung um die Frage, ob es sich um eine wesentliche Einrichtung handle, die hier zur Verfügung gestellt werde, sei gar nicht mehr nötig, wenn das Privileg des Marktzugangs vertraglich jemandem gegeben sei, denn dann sei § 26 GWB anwendbar mit der Folge, daß jeder Zugang verlangen könne. Im Übrigen, damit wendete sich Prof. Dr. Schwintowski an Herrn Fuhr, könne, im Zweifel wenn Druck gemacht würde, § 25 GWB, das Druckverbot, gegen die Telekom verwendet werden. Wie könne also die Telekom freiwillig so etwas Furchtbares tun, fragte Prof. Schwintowski mit Bezug auf das Resale Konzept.

Frau *Errens* sagte dazu mit ACC sei eine Vereinbarung im Rahmen des Großkundenangebots gemacht worden. ACC nehme eine gewisse Menge ab und verkaufe dann weiter, es rechne sich. Zur Zugangsfrage könne sie sagen, daß jeder, der zu ihnen komme und einen Vertrag schließen wolle, mit Verhandlungsbereitschaft begrüßt werde. Es werde nicht nur mit ACC, sondern mit jedem verhandelt.

Prof. *Dr. Immenga* gab die Frage weiter an Herrn Fuhr. Er hielt eine Vertiefung der Frage auf dem Hintergrund der zuvor von Herrn Fuhr gemachten Unterscheidung zwischen Großkundenrabatt und Resale für sinnvoll. Zwar handle es sich ökonomisch beide Male um einen Rabatt. Der Großkundenrabatt sei aber reiner Mengenrabatt, wohingegen der Resalerabatt zusätzlich für eine besondere Distributionsleistung gewährt werde. In der Sprache der Kartellrechtler nenne man dies Leistungsentgelt. So sei ja die Abgrenzung von Leistungsentgelt und Mengenrabatt im Rahmen des § 3 GWB maßgeblich. Die Frage sei nur, ob man ökonomisch in den Wirkungen, auf die es ja ankomme, so genau unterscheiden könne.

Herr *Fuhr* schloß sich der Sicht von Prof. Dr. Immenga an und erläuterte, was nach seinem Dafürhalten ein echter Resale-Tarif ist. Man habe vom Beispiel USA gelernt und könne nun in der Tat sagen, daß der Telekom wesentliche Leistungen abgenommen würden. Er führte die Bereiche Kundenadministration, Inkasso und Marketing an. Dort entstünden Aufwendungseinsparungen, die den Großhandelspreis letztendlich rechtfertigten und für den Großabnehmer günstige Konditionen entstehen ließen. Herr Fuhr widersprach dann Frau Errens aber betreffs der Gleichbehandlung der Verhandlungspartner seitens der Telekom. Er kenne zwar die Konditionen nicht, zu denen mit ACC abgeschlossen worden sei, seinem Unternehmen sei jedoch mitgeteilt worden, man sei zwar bereit, den »dial-and-benefit« Rabatt zu gewähren, die Vorstellungen von Resale Rabatten würden im Übrigen aber nicht geteilt. Das passe seiner Ansicht nach nicht zusammen, denn »dial-and-benefit« komme aus dem Corporate Network Bereich und sei letztendlich nur ein Mengenrabatt für die Abnahme von Mietleitungsübertragungskapazität, der sich sowohl nach Volumen, als auch nach Bindungsdauer staffele. Die ganz hohen Sätze von über 30% kämen natürlich nur bei einem sehr hohen Abnahmevolumen und bei einer unkündbaren Laufzeit von 5 Jahren in Betracht. Die betriebswirtschaftliche Frage könne er auch nicht beantworten. Er erkläre es sich damit – und so sei ihm auch gesagt worden – daß es sich um einen »dial-and-benefit« Rabatt handle. In Unkenntnis des ACC Vertrags könne er aber nicht spezifischer antworten.

Prof. *Dr. Immenga* gab daraufhin zu bedenken, daß § 26 Abs. 2 GWB vielleicht schon anwendbar sein könnte, bevor ein Vertrag gemacht ist. Ein Geschäftsverkehr, der sich entwickele, eröffne unter Umständen auch den Weg zum Diskriminierungsverbot. Da man das Wettbewerbsrecht hier aber nicht vertiefen wolle, bat er um weitere Fragen.

Herr *Lange* von Wilmer, Cutler & Pickering wollte von Herrn Haag wissen, ob die EU-Kommission nicht doch tätig werden sollte. Herr Lange verwies auf den Vortrag Prof. Dr. Schwintowskis vom Vormittag, worin dieser eindringlich und sehr subtil im Zusammenhang mit der Organisationsstruktur der Regulierungsbehörde auf den Interessenskonflikt hingewiesen habe. Deshalb sei er ein bißchen bestürzt von den Worten Herrn Haags. Vielleicht habe er sie aber auch nur mißverstanden. Darum bete er Herrn Haag zu erklären, warum seitens der Kommission die Auffassung vertreten werde, es regle sich schon alles. Müßte die Kommission nicht im Hinblick darauf besorgt sein, daß der Eigentümer, der eben doch ein Auge zukneife, jetzt auch Regulator sei und eventuell nicht ganz objektive Kriterien anwenden könnte, fragte Herr Lange.

Herr *Haag* antwortete, es läge ihm fern, da irgend etwas zu beschönigen. Das Dilemma, das Prof. Dr. Schwintowski am Morgen beschrieben habe, existiere so. Sobald die Regulierungsbehörde stehe, werde die Kommission sich die Sache im Detail anschauen müssen. Er fürchte aber, selbst nun etwas Wasser in den Wein gießen zu müssen. Es gebe ja auch den Art. 222 des Vertrages, nach dem die Eigentumsordnung der Mitgliedstaaten durch den Vertrag unberührt bleibe. Eine der – in der Interpretation der Kommission – unbestrittenen Auswirkungen dieser Vorschrift sei, daß die Mitgliedstaaten staatliche Unternehmen haben dürften. Das sei eine Frage, die konkret etwa im Zusammenhang mit den Verstaatlichungen in Frankreich in den 80er Jahren diskutiert worden sei. Die Kommission habe sich damals auf den Standpunkt gestellt, der Vertrag sei in diesem Punkt neutral. Der Vertrag erlaube staatliche Unternehmen. Er verpflichte die Mitgliedstaaten dann aber dazu, Unternehmen aus anderen Mitgliedstaaten fair zu behandeln, mithin für ein level playing field zu sorgen. Damit, so merkte Herr Haag an, sei man aber genau beim Dilemma. Wie könne man von jemandem verlangen, einen anderen fair zu behandeln, wenn solche Interessenkonflikte bestünden. Dies berühre das bekannte Schiedsrichter-Mitspieler Argument. Die Frage sei, wieviel Spielraum der Vertrag an diesem Punkt gebe. Das sei von seiner Institution noch nicht voll ausgelotet worden, er fürchte aber, das müsse im Bereich der Telekommunikation bald erfolgen. Dabei werde aber weitgehend Neuland betreten.

Herr *Rooney*, der Leiter der Wirtschaftsabteilung an der Berliner Außenstelle der Amerikanischen Botschaft, richtete eine Frage an Herrn Fuhr und an Prof. Immenga. Mit Bezug auf die aktuelle wirtschaftspolitische Debatte in Deutschland interessierte ihn ein Vergleich zwischen den Vorgängen im Telekommunikationsbereich und denen des Stromsektors. Ohne das Gespräch auf ein unerwünschtes Feld erweitern zu wollen, so merkte er an, frage er Herrn Fuhr nach der Übertragbarkeit der Grundsätze in der Telekommunikation auf den Strommarkt.

Herr *Fuhr* bedankte sich für die schöne, aber schwierig zu beantwortende Frage. O.tel.o sei ein Joint Venture von RWE und Veba, und Preußen Elektra gehöre zu Veba. Er vertrete ein junges Joint Venture, und könne an dieser Stelle nur für o.tel.o sprechen. Gleichwohl glaube er, hier eine Aussage machen zu können. Die Liberalisierung im Strommarkt werde natürlich kommen und sie sei auch gewollt und werde begrüßt. Er wisse nicht, so Herr Fuhr, ob man beim Vergleich bestimmter Parameter den Ansatz aus dem TKG unverändert übernehmen könne. Der grundsätzlich liberale Ansatz, wie er im TKG gegeben sei, müsse aber so, oder in vergleichbarer Weise, auch in anderen Sektoren Anwendung finden.

Auch Prof. *Dr. Immenga* war angesprochen. Er stellte zunächst fest, daß auch weiterhin die öffentlichen Unternehmen die Main Player im Telekommunikationsmarkt sein würden. Auch sie unterstünden, wie schon Herr Haag richtig betont habe, generell dem EG-Recht. Entscheidend sei dabei aber nicht so sehr der Einfluß, den die öffentliche Hand auf das Unternehmen ausüben könne. Das stelle zwar ein gewisses Problem dar. Maßgeblich komme es unter Marktgesichtspunkten darauf an, ob Quersubventionierung möglich bleibe. Der Punkt sei, daß es nicht zu Wettbewerbsverzerrungen kommen dürfe. In anderen Zusammenhängen tauche diese Frage nicht ohne weiteres auf. Auf dem Rüstungsmarkt und dem Markt für Langstreckenpassagierflugzeuge hätten wir aber auch das genannte Problem: Stichwort McDonnell Douglas und Boeing. Märkte strikt auseinanderzuhalten ist nach Ansicht von Prof. Dr. Immenga deshalb die Hauptaufgabe. Das gelte für den deutschen Telekommunikationsmarkt mit seiner Verbindung zu finanzstarken Unternehmen und der Möglichkeit zur Quersubventionierung ganz besonders. Die methodischen Probleme seien dort vergleichbar, wo es um die essential facilities gehe. Gemeint sei die Frage der Durchleitung auf der einen Seite und andererseits die Interconnection. Die methodischen Fragen müßten in beiden Bereichen in gleicher Weise gelöst werden.

Auf Handzeichen gab Prof. Dr. Immenga noch einmal Herrn Rooney das Wort. Herr *Rooney* tat kund, er freue sich sehr über das Zugeständnis der Kommission, sie habe Wettbewerbsrecht extraterritorial angewendet. Das habe sein Land natürlich nie getan. Diese Bemerkung löste Heiterkeit im Saal aus. Auf die Frage der Übernahme von McDonnell Douglas durch Boeing wollte Herr Rooney nicht detailliert eingehen. Wenn aber Quersubventionen etwa vom Langstreckenflugzeuggeschäft in die Rüstungsindustrie so vorteilhaft dargestellt würden, dann müßte man ja vielleicht annehmen, daß McDonnell Douglas Boeing übernehme.

Darauf entgegnete Prof. *Dr. Immenga*, das sei für sich allein ein Thema, das man vielleicht in einem weiteren Berliner Wirtschaftsrechtsgespräch vertiefen könnte. Die extraterritoriale Rechtsanwendung anhand aktueller Fälle, das könnte das Stichwort sein, das die Versammelten im nächsten Jahr wieder zusammenbrächte. Man wolle aber nun beim Thema bleiben.

Frau *Stürmer* von o.tel.o meldete sich nun mit einer Frage an Frau Walker zu Wort. Nach ihrem Kenntnisstand sei Resale im Local Loop in Großbritannien von Oftel verworfen worden. Damit befände sich Oftel nicht in Übereinstimmung mit der FCC in den USA, die dies möglich gemacht habe. Es sei doch aber fraglich, ob die britische Wertung auf Deutschland übertragen werden könne. Schließlich bestünde in Großbritannien Wettbewerb im Local Loop aufgrund von mehrfach vorhandener Infrastruktur. Auf dem deutschen Markt dagegen hätten wir keine solchen Voraussetzungen. Die Frage richte sich auch an Herrn Haag, der vielleicht den Standpunkt der Kommission zum Resale im Local Loop darlegen könnte.

Frau *Walker* stellte zunächst klar, daß die Wettbewerber in Großbritannien verschiedene Möglichkeiten hätten, das local network von BT für Resale Aktivitäten zu nutzen. Oftel sei also durchaus positiv gegenüber Resale im Local Loop eingestellt. Local Loop Unbundling dagegen – und darauf ziele die Frage wohl auch – sei und bleibe weiterhin unerlaubt. Insofern müsse man sehr genau unterscheiden. Zu haben sei die Benutzung der Kupferdrahts von der örtlichen Verteilerstelle bis zum Verbraucher. Man habe in Großbritannien lange gebraucht, bis die Preise dafür stimmten. Jetzt könne der Newcomer kommen, falls er wolle, und Interconnection verlangen. Er könne aber nicht entbündelte Leistungen im Local Loop verlangen. Dafür gebe es gute Gründe. Erstens verfolge man das Ziel, Wettbewerb auch bei der Infrastruktur herzustellen. Es sei nämlich zu besorgen, daß die

Wettbewerber sich ansonsten dankend auf die örtliche Infrastruktur von BT verlassen würden, anstatt selbst Leitungen zu legen. Im Gegensatz zu den Vereinigten Staaten hätte Großbritannien bereits etwas Wettbewerb im Local Loop, so daß die andere Herangehensweise dort wegen der abweichenden Marktlage nachvollziehbar sei. Selbstverständlich sei sich Oftel bewußt, daß die Unternehmen sich nicht aus dem Stand ein local network aufbauen könnten. Man ergreife deshalb im wesentlichen zwei Maßnahmen. Die Interconnection Gebühren im Ortsnetz seien für Unternehmen wie o.tel.o in der Tat sehr niedrig, äußerst niedrig sogar. Das bedeute, die Unternehmen könnten ihr eigenes Netz bis zum BT local exchange benutzen und kämen dann über den BT Verteiler mit sehr günstigen Tarifen zum Kunden. Oder, wenn sie das nicht wollten, dann könnten sie über BT indirekten Zugang verlangen. Das bedeute, daß BT ihnen die Benutzung der eigenen örtlichen Infrastruktur erlauben müsse und nur insoweit abrechnen könnte, wie der Wettbewerber tatsächlich BTs Netz benutze. Einzig und allein die Entbündelung des Local Loop und die Eigentumsverschaffung daran sei verboten. Ms Walker war in den Vereinigten Staaten gewesen und sie hat die Erkenntnis gewonnen, die Entbündelung des Local Loop trage nicht dazu bei, die Probleme eines Wettbewerbers, wie etwa o.tel.o, zu lösen. Man müsse sich vor Augen führen, daß die Möglichkeiten für wettbewerbswidriges Verhalten zunähmen, wenn man das Ortsnetz in dieser Weise entbündle. Deshalb sage Oftel, es müsse selbstverständlich wettbewerbsfreundliche Tarife für den Netzzugang der Wettbewerber geben, damit diese konkurrierenden Betreiber das Local Loop des Incumbent schlagen könnten. Dafür gebe es im United Kingdom eine Reihe von Möglichkeiten. Man könne Resale mit BTs Network betreiben, aber nicht in dem Maße, daß BT die Infrastruktur entrissen werde. Ms Walker fand den eigenen Beitrag nun etwas lang. Sie meinte, sich dafür entschuldigen zu müssen und äußerte die Hoffnung, zum besseren Verständnis der komplexen Sache beigetragen zu haben.

Herr *Haag* war auch angesprochen. Er stellte ergänzend den Standpunkt der Kommission dar: Wie schon in der Mitteilung betreffend Zugangsvereinbarungen ausgeführt, betrachte die Kommission das Local Loop als eine wesentliche Einrichtung. Was das Unbundling betreffe, so habe sich die Kommission damit noch nicht vertieft beschäftigt, denn sie glaube, das sei eine Sache, die von Fall zu Fall neu geprüft werden müsse. Das mache man gerne, falls es nötig werden sollte. Zugrunde liege das Problem der weiten Auslegung der essential facilities doctrine, die es im Wettbewerbsrecht der Gemeinschaft so gar nicht gebe. Dafür habe man Art. 86 EGV. Nur der Einfachheit halber habe man begonnen, auch jenen Ausdruck zu benutzen. Herr Haag warnte davor, die Doktrin zu überdehnen. Man verhindere so, daß sich wettbewerbsfähige Strukturen herausbildeten. Stattdessen halte man einen Zustand aufrecht, der weiterhin nach Regulierung in großem

Rahmen verlange. Deshalb müsse man bei der Anwendung der essential facilities doctrine sehr vorsichtig sein, um sie nicht zu überdehnen. Zumindest die EU-Kommission würde es lieber sehen, wenn die Marktstrukturen den Wettbewerb sicherten und nicht die Regulierer.

Frau *Walker* ergänzte ihr letztes Statement zum Weg, den Oftel im United Kingdom beschreite. Sie wolle nochmals betonen, daß ihre Behörde weder Deutschland, noch irgendein anderes Land dazu bringen wolle, gleich zu verfahren. Daran würde sie nicht im Traum denken. Der von Oftel eingeschlagene Weg sei aber wichtig für das Vereinigte Königreich. Es sei nicht belehrend gemeint, Deutschland müsse sich aber immer wieder versichern, daß das Regulierungsregime das richtige Maß an Wettbewerb in die local infrastructure bringe. Ansonsten werde man immer ähnliche Auseinandersetzungen um ähnliche Dinge in diesem Teil des Netzes haben.

Auch Herr *Müller* von der Berlin School of Economics richtete sich mit seiner Frage zum Thema Resale im Local Loop an Frau Walker. Er sehe auch das Problem des mangelnden Anreizes zum Aufbau eines eigenen Netzes in den USA. Befristet auf einen kürzeren Zeitraum von fünf Jahren etwa könne er dem Resale im Local Loop aber durchaus Positives abgewinnen. Damit verstärke sich nämlich der Wettbewerbsdruck auf den Marktbeherrscher. Nicht nur der Regulierer, sondern auch die Wettbewerber könnten dann die Telekom zu mehr Effektivität zwingen. Zumindest für einen Übergangszeitraum könne er sich eine solche Maßnahme vorstellen.

Frau *Walker* merkte dazu an, niemand aus dem United Kingdom würde bestreiten, daß kurzfristige Regulierungsmaßnahmen zur Förderung des Wettbewerbs und zur Überbrückung der Übergangsphase vom Monopol zum Wettbewerb möglich sein sollten. Solche Maßnahmen seien ja in Großbritannien eine lange Zeit tatsächlich ergriffen worden. Man sei nun aber an dem Punkt angelangt, wo man die Regulierungstätigkeit entbündeln könne. Entbündelung sei hier das richtige Wort. Frau Walker schloß mit dem Fazit, Oftel habe auf dem Telekommunikationsmarkt einiges bewegt. Die schrittweisen Veränderungen auf dem britischen Markt seien erfolgt, als BT wahrgenommen hatte, daß es für das Unternehmen schwierig werde, wenn man nicht beginne, sich als Wettbewerber zu verstehen. Deshalb könne man »Ja« sagen zu einstweiligen Anordnungen, gleichzeitig müsse aber sichergestellt sein, daß am Ende der Anordnung ein gewisses Wettbewerbsniveau erreicht ist.

Mit zwei Bemerkungen meldete sich Herr *Kamecke* vom Fachbereich Wirtschaftswissenschaften der Humboldt-Universität zu Wort. An Herrn Fuhr gerichtet erläuterte er sein Verständnis von den angesprochenen Rabatten: Der Grund für einen Großkundenrabatt sei die Ersparnis bei der durchschnittlichen Distributionsleistung, die man üblicherweise kalkulieren müsse. Man könne deshalb nicht nochmals die Distributionsleistung draufrechnen und einen doppelten Rabatt verlangen. Darauf folgte eine

Bemerkung zu den Ausführungen von Frau Errens zur asymmetrischen Regulierung. Nach Ansicht von Herrn Kamecke ist das Ziel des TKG nicht, eine Mißbrauchsaufsicht im Sinne des GWB zu errichten. Man hoffe vielmehr, den Wettbewerb im Telekommunikationsbereich mit einer strukturellen Änderung erst zu institutionalisieren. Die Regulierung müsse wegen der besonderen Ausgangssituation hier temporär über die Mißbrauchsaufsicht hinausgehen. Man könne eventuell sogar so weit gehen und die Telekom verpflichten, die Konkurrenten huckepack in den Markt zu tragen. Das Maß sei vorliegend nicht ein Gerechtigkeitsmaßstab im langfristigen Sinne, sondern die Frage nach spontaner Effektivität. Eine Maßnahme, die schneller mehr Wettbewerb bringe, sei wünschenswert, selbst wenn sie im Moment als ungerecht empfunden werde. Vergleichbar sei die Situation mit den Frauenquoten: Diese seien auch ungerecht. Weil man aber zur Kenntnis nehme, daß in dieser Hinsicht etwas schiefgelaufen sei, könne man, auch wenn das langfristig völlig ungerechtfertigt wäre, für kurze Zeit ausgleichsweise solche Maßnahmen treffen.

Frau *Errens* machte deutlich, daß sie der Bemerkung zu den Frauenquoten nicht zustimme. Im Übrigen habe sie nichts anderes gesagt, als daß das Ziel der Regulierung sei, den Marktzutritt jetzt zu erleichtern, daß man aber permanent überprüfen müsse, ob diese asymmetrische Regulierung noch gerechtfertigt sei. Insofern sehe sie keinen Unterschied zu den Aussagen von Herrn Kamecke. Zu weit gehe es aber, wenn die Telekom die Konkurrenten in den Markt hineintragen müßte.

Herr *Bohne* von der Universität Konstanz stellte Prof. Immenga eine Frage zur Quersubventionierung. Es sei doch ordnungspolitisch erwünscht, daß Energieversorgungsunternehmen, die sowohl Kapital, als auch Infrastruktur mitbrächten, auf dem Telekommunikationsmarkt tätig würden. Gerade die Energieversorger betrieben aber Quersubventionierung, wenn sie die Monopolgewinne vom geschlossenen Strommarkt in einen anderen Markt transferierten. Die Mißbrauchsaufsicht müßte sich deshalb eigentlich um den Marktmachttransfer kümmern, es sei denn, hier sei die Quersubventionierung gewollt.

Nach Prof. *Dr. Immenga* sei die Frage, warum die Ressourcen gerade in den Telekommunikationsmarkt gehen sollten, berechtigt. Ressourcen gingen aber in der Regel dorthin, wo sie den besten Wirt hätten und da sei der Telekommunikationsmarkt gerade günstig. Einzigartig sei dabei das eher zufällige Zusammentreffen von verhältnismäßig hohen Gewinnen auf der einen Seite mit der Tatsache, daß diese Unternehmen bereits über ein Netz verfügten. Bei der Bahn, die die Netze habe, aber nicht die Finanzen, stelle sich die Frage schon anders.

Prof. *Dr. Schwintowski* fügte an, es sei schon sinnvoll, Märkte mit freiem Kapital zu öffnen. Rückschauend sehe er aber den Grund darin, daß die Energieversorger über Reserven verfügten, die möglicherweise nach dem

Grundsatz der preiswürdigen Energieversorgung den Verbrauchern zurückzuzahlen wären, denn diese Gewinne dürften nach den Gesetzen eigentlich nicht da sein. Das sei ein Problem, das aber nichts mit der Marktöffnung zu tun habe. Das andere Problem sei die BTO-Elt Tarifkontrolle. Es könne sein, daß man auf dem Energiesektor weiterhin Monopolrendite erwirtschafte. Dann sei aber nicht mehr sicher, ob hier eine volkswirtschaftlich optimale Ressourcenallokation stattfinde.

Herr *Fuhr* wandte sich dagegen, daß die Monopolgewinne aus dem Energiebereich als unehrenhaft erwirtschaftete Gewinne dargestellt würden. Art. 90 EGV gehe doch von der Existenz öffentlicher Unternehmen aus. Im bislang geschlossenen Energiebereich sei deshalb die Existenz dieser Gewinne nach dem EGV erst einmal gerechtfertigt. Er frage sich deshalb, wo der Ansatzpunkt für die Mißbrauchsaufsicht liege. Auf dem Telekommunikationsmarkt verfügten die Energieversorger ja zu Beginn noch nicht über eine beherrschende Stellung. Der einzige Ansatzpunkt wäre eine Aufsicht über die Macht auf dem Heimatmarkt, dem Strommarkt. Solange auf dem Strommarkt die Kunden aber nicht gezwungen würden, gleichzeitig Telekommunikationsleistungen abzunehmen, sehe er im Transferieren von Geld auf einen anderen Markt keinen Mißbrauch.

Prof. *Dr. Schwintowski* stellte klar, er habe auch nicht unmittelbar von der Anwendbarkeit der Mißbrauchsaufsicht gesprochen. Ordnungspolitische Bedenken bestünden aber.

Herr *Haag* wollte die Interpretation des Art. 90 EGV so nicht stehen lassen. Es handle sich bei Art. 90 Abs. 1 EGV um einen richtigen empirischen Befund, wenn von der Existenz öffentlicher Unternehmen ausgegangen werde. Man müsse den Absatz aber im Zusammenspiel mit Art. 90 Abs. 2 EGV und den übrigen Vorschriften des Vertrags sehen. Das staatliche Monopol müsse dann angesichts der Grundfreiheiten immer gerechtfertigt werden, z.B. mit Versorgungssicherheit, usw.. Die Frage sei, ob dies im Energiesektor zur Rechtfertigung noch ausreiche. Die Quersubventionierung sei primär ein Problem des Energiebereichs und nicht der Telekommunikationsliberalisierung. Die Subventionierungsmöglichkeit mache es nicht falsch, den Telekommunikationsmarkt vollständig zu öffnen. Wenn es sich manche Unternehmen leisten könnten, Telekommunikationsangebote ständig unter Kosten anzubieten, weil sie ihr Geld auf anderen Märkten verdienten, dann berühre dies nicht die Richtigkeit der Telekommunikationspolitik, sondern den Energiebereich, der Quersubventionen ermögliche. Wer eine Glasfaser an eine Überlandleitung hänge und dann die Kosten der Energieseite zuordne, der unterfalle der Kontrolle im Energiebereich.

An das Statement von Herrn Haag knüpfte Herr *Rother* von der DB an. Er fragte, ob es richtig sei, daß Herr Haag kein Problem damit hätte, wenn Wettbewerber ihre Telekommunikationsleistungen unter den Selbstkosten anbieten würden. Er wollte wissen, ob das Problem dann wirklich auf dem Energiemarkt und nicht auf dem Telekommunikationsmarkt zu finden sei.

Herr *Haag* bejahte dies. Der Vertrag sei kein Hindernis, solange keine marktbeherrschende Stellung gegeben sei. Wer keine Marktmacht habe, könne seine Leistungen auch verschenken.

Herr *Rother* entgegnete, die Marktmacht bestehe doch auf anderen Märkten.

Dazu verwies Herr *Haag* auf seine obigen Ausführungen. Marktmächtige Unternehmen müßten auf ihrem Heimatmarkt dazu gezwungen werden, sich wirtschaftlich rational zu verhalten.

Prof. *Dr. Immenga* pflichtete bei. Es gebe einen Marktmachttransfer. Die Behinderung durch Preiskampf und durch Verkauf unter Selbstkosten auf einem anderen Markt führe zur Anwendung von Art. 86 EGV. Allerdings sei das kein Telekommunikationsproblem, denn es gehe aus von Strukturen auf anderen Märkten.

Herr *Lange* von Wilmer, Cutler & Pickering sprach die personelle Ausstattung der Regulierungsbehörde an und bat Frau Walker um ihre Einschätzung, wieviele Regulierer in Deutschland benötigt würden. Ob es 3000 seien, oder nur etwa 200 wie in Großbritannien.

Frau *Walker* fand 3000 bei weitem zu hoch gegriffen. In Großbritannien seien etwa 600 Leute mit den Aufgaben beschäftigt, die auf die Regulierungsbehörde in Deutschland zukämen. Oftel gebe auch viele Aufträge außer Haus. Man könne gar nicht so viele Spezialisten im Haus beschäftigen, wie Probleme auftauchten. Deshalb bediene man sich der Experten außer Haus. Das habe den Vorteil des Wissensvorsprungs und koste weniger. Schließlich müsse man diese Leute nur für etwa 10 bis 20 Tage im Jahr bezahlen. Außerdem seien diese Personen politisch unabhängig, was zur Problemlösung beitrage. Im Gegensatz zu Deutschland würden die Regulierer auch nicht nach politischen Gesichtspunkten ernannt. Zwar werde der Director General von der Regierung benannt, die beiden Amtsinhaber bis jetzt seien aber ohne politische Bindungen gewesen.

Herr *Dr. Weitbrecht* von Wilmer, Cutler & Pickering kam nochmals auf den Wettbewerb im Local Loop zu sprechen. An Frau Walker gerichtet fragte er, ob denn tatsächlich Wettbewerb bestünde und gegebenenfalls, wie er funktioniere.

Frau *Walker* erläuterte die britische Position zur Frage des Local Loop Unbundling. Man müsse zunächst die besondere Ausgangsposition kennen. Im United Kingdom habe es keine Kabelfernsehindustrie gegeben. Deshalb habe die Regierung, um den Wettbewerb anzukurbeln, Unternehmen gefördert, die sowohl Telefonie, als auch Rundfunk über das gleiche Netz anbieten wollten. Die Unternehmen hätten also zwei Einkommensquellen mit einem Netz erschlossen. Dies sei ihrer Ansicht nach ein Grund gewesen, warum die amerikanischen Baby-Bells etwa 10 Milliarden Pfund in alternative Netze investiert hätten. Etwa 75% der Bevölkerung sei mittlerweile im Stande, einen alternativen Anbieter, statt BT, zu wählen. Lücken bestünden lediglich in ländlichen Gebieten. Deshalb habe Oftel Frequenzen freigegeben, um den Anbietern den Zugang zu den Nutzern zu erschließen. Grundsätzlich werde mit dem Festnetz gearbeitet, die final mile sei aber kostengünstiger per Funk zu überbrücken. Auf diesem Hintergrund sei vielleicht verständlich, warum sich Oftel gegen das Local Loop Unbundling wende. Man wolle eben die Investitionen nicht gefährden. Aber natürlich könne man bei einer anderen Ausgangslage zu einem anderen Ergebnis kommen.

Herr *Dr. Weitbrecht* fand die britische Lösung mit mehrfacher Infrastruktur wettbewerbspolitisch einleuchtend. Die essential facilities doctrine dagegen führe zur Perpetuierung von Monopolen. Es sei natürlich viel billiger, sich beim Monopolisten einzuklinken, als eine eigene Infrastruktur zu bauen. Das führe aber zu ewigem Regulierungsbedarf. Dennoch begegne die britische Lösung umweltpolitischen Bedenken. Schließlich müßten desöfteren neue Leitungen verlegt werden, was immense Kosten verursache.

Nachdem Prof. Dr. Immenga die letze Fragerunde eingeläutet hatte bat Frau *Dr. Lübben* von Wilmer, Cutler & Pickering Frau Walker um eine Stellungnahme zur Standardisierung von Interconnectionvereinbarungen. Von Frau Errens wollte sie wissen, ob die Deutsche Telekom plane, ein standardisiertes Interconnectionangebot zu machen. Herrn Haag bat sie um Antwort, ob die Kommission solche Vereinbarungen durchsetzen wolle.

Frau *Walker* betonte die Unverzichtbarkeit der Standardisierung. Solange mit Mercury nur ein Wettbewerber Interconnection verlangt habe seien die Verhandlungen mit Oftel als Schiedsrichter noch geordnet verlaufen. Dann sei mit steigender Zahl an Wettbewerbern das Chaos ausgebrochen. An diesem Punkt habe man bei Oftel gesehen, daß standard connection offers ausgearbeitet werden mußten. Etwas irritiert sei sie von den Diskussionen über die Resale Konditionen gewesen. Man habe sich in Großbritannien nicht um Großkundenrabatte oder ähnliches gekümmert. Vielmehr habe man die Kosten der effektiven Leistungsbereitstellung zugrunde gelegt. So seien auch die niedrigen Interconnection Preise zu erklären.

Frau *Errens* sagte, die Telekom sei verpflichtet, einen Standard Interconnection Vertrag vorzulegen und das werde sie auch tun. Man habe bereits einen Vertrag abgeschlossen. Im Übrigen müßten die Verträge dem Regulierer vorgelegt und öffentlich gemacht werden. Insofern seien Befürchtungen der Wettbewerber unbegründet.

Herr *Haag* wies auf Art. 4a der geänderten Diensterichtlinie hin, wonach die Verpflichtung zum Interconnection Standardangebot bereits bestehe. Selbstverständlich werde die Kommission auf die Einhaltung der Verpflichtung achten und das notfalls auch durchsetzen. Das Standardangebot werde aber nicht alle Probleme in diesem Bereich lösen. Damit leitete er zum Problem der unzureichenden Kostenrechnungssysteme der marktbeherrschenden Unternehmen über. Die kameralistische Buchführung der öffentlichen Verwaltung sei noch nicht überwunden und bereite Schwierigkeiten bei der Ermittlung der echten Kosten in den Unternehmen.

Herr *Fuhr* schloß mit seinem Statement die Runde der Panelisten. Er bestätigte die Probleme bei der Kostenermittlung. Neben den Wettbewerbern und der Telekom spiele nicht zuletzt die Regulierungsbehörde eine Hauptrolle bei der Marktöffnung. Sie entscheide im wesentlichen, ob, wann und wie schnell in Deutschland funktionierender Wettbewerb herrsche.

Prof. *Dr. Immenga* bedankte sich bei den Panelisten und dem Publikum und gab das Schlußwort weiter.

Prof. *Dr. Schwintowski* schloß sich dem Dank an und kündigte das 3. Berliner Wirtschaftsrechtsgespräch für 1998 an.

TEIL II

Wilmer, Cutler & Pickering
Berlin – Brüssel – London – Washington – Baltimore

*Zukunftsmarkt Telekommunikation*
*— Vom Monopol zum Wettbewerb*

WCP Weißbuch:

Zehn Forderungen für eine
effiziente Regulierungsbeörde
in Deutschland

November 1996

# Das Weißbuch im Überblick

*Wirtschaftliches Potential der Telekommunikation*

Das wirtschaftliche Potential des liberalisierten Telekommunikationssektors ist enorm. Im Jahr 2003 sollen die Gesamtumsätze auf dem europäischen Telekommunikationsmarkt 400 Milliarden DM betragen. Werden die Chancen des neuen deutschen Telekommunikationsgesetzes genutzt, so besteht die Möglichkeit, daß davon 100 Milliarden DM auf Deutschland entfallen.

Deutsche und ausländische Investoren haben ein zentrales Interesse am deutschen Telekommunikationsmarkt.

*Gefahr falscher Weichenstellung*

Die Chance für die deutsche Volkswirtschaft ist einmalig. Werden die Weichen falsch gestellt, weil Marktöffnung und Einführung von Wettbewerb nicht konsequent und zügig betrieben werden, so ist diese Chance verpaßt: Der Standort Deutschland käme ins Abseits.

Die neue Regulierungsbehörde wird das Stellwerk im Bereich der Telekommunikation sein. Organisation und Verfahren dieser Behörde sind daher von entscheidender Bedeutung.

*Ziel des Weißbuchs*

Das Weißbuch zeigt, wie in Deutschland durch konkrete Maßnahmen eine Regulierungsbehörde geschaffen werden kann, die größtmögliche Gewähr dafür bietet, daß die durch das Telekommunikationsgesetz eröffneten wirtschaftlichen Chancen wahrgenommen werden.

Das vorliegende Weißbuch beschreibt im

- ersten Teil (A) die zentrale Rolle der neuen Regulierungsbehörde bei der Herstellung chancengleichen Wettbewerbs
- im zweiten Teil (B) die Probleme und Lösungen einer effizienten Regulierungspraxis
- im dritten Teil (C) die rechtlichen Grundlagen für die Umsetzung des Forderungskataloges
- im vierten Teil (D) zehn Forderungen zur Schaffung eines effizienten Regulierungsrahmens für den Industriestandort Deutschland.

*Zehn Forderungen für eine effiziente Regulierungsbehörde*

Eine Gruppe deutscher und internationaler Experten hat zur zentralen Rolle der deutschen Regulierungsbehörde zehn Forderungen erarbeitet:

1. *Ad hoc-Kommission*
   Die Bundesregierung sollte eine unabhängige *Ad hoc*-Kommission mit international erfahrenen Experten aus Politik, Verwaltung, Wirtschaft und Wissenschaft einsetzen, die konkrete Empfehlungen für die Konzeptionierung der neuen Regulierungsbehörde vorlegt.

2. *Leitmaxime Marktöffnung*
   Zur Herstellung funktionierenden Wettbewerbs muß die Regulierungsbehörde die ihr übertragene Marktöffnungspolitik konsequent und zügig betreiben. Dies gilt insbesondere in dem für das Entstehen von Wettbewerb kritischen Engpaß des direkten Zugangs zum Kunden.

3. *Trennung von Regulierung und Eigentümerinteressen*
   Regulierungsaufgaben sind von Eigentümerinteressen scharf zu trennen. Um Interessenkonflikten im Zuständigkeitsbereich des Bundeswirtschaftsministeriums vorzubeugen, ist die Aufsicht über die Beteiligungsverwaltung der Deutschen Telekom vollständig in das Bundesfinanzministerium zu verlagern und die Mehrheitsaktionärsstellung des Bundes an der Deutschen Telekom schneller als geplant aufzugeben.

4. *Entscheidungsunabhängigkeit*
   Die Entscheidungen der Regulierungsbehörde sind wie die des Bundeskartellamts frei von politischen Einflüssen zu halten und nur an den gesetzlichen Kriterien auszurichten.

5. *Persönliche Unabhängigkeit*
   Der Wechsel von Personen von der Deutschen Telekom oder dem Bundesministerium für Post und Telekommmunikation zur Regulierungsbehörde sollte allenfalls in engen Grenzen, in jedem Fall aber transparent und kontrolliert erfolgen.

6. *Sachkompetenz*
   Zur Bewältigung der neuen Regulierungsaufgaben müssen kompetente und unabhängige Ökonomen und Wirtschaftsjuristen eingestellt, das Wissen international erfahrener Experten und das Know how der Wettbewerber in breitem Umfang genutzt werden. Für die technischfachlichen Aufgaben kann auf die Erfahrungen der Wirtschaft und des

Bundesministeriums für Post und Telekommunikation zurückgegriffen werden.

7. *Transparenz*
Vertrauen des Marktes in die Kompetenz der neuen Behörde verlangt ein besonderes Maß an Transparenz der behördlichen Verfahrenspraxis. Zur Erhöhung der Transparenz der Rechtssetzungs- und Einzelentscheidungsverfahren sollten die betroffenen Marktteilnehmer umfassend mit ihren Stellungnahmen gehört werden.

8. *Rechtssicherheit*
Die Kriterien der künftigen Regulierungstätigkeit müssen jetzt konkretisiert werden. Bis sich eine erkennbare Entscheidungspraxis der Behörde herausgebildet hat, müssen klare, verbindliche Entscheidungsleitlinien Rechtssicherheit herstellen.

9. *Sicherung sachgerechter Entscheidungen durch gerichtliche Kontrolle*
Wettbewerbern sind umfassend Möglichkeiten zur gerichtlichen Überprüfung der Entscheidungen der Regulierungsbehörde einzuräumen, um ein höheres Maß an Sachgerechtigkeit und Freiheit von politischen Einflüssen zu gewährleisten.

10. *Rasche Überwindung der Übergangsphase*
Die neue Regulierungsbehörde muß zügig aufgebaut werden, damit sie spätestens am 1. Januar 1998 arbeitsfähig ist. Entscheidungen des übergangsweise noch zuständigen Bundesministeriums für Post und Telekommunikation sollten in transparenten und unparteiischen Verfahren getroffen und der Kompetenzbefristung entsprechend in ihrer zeitlichen Wirksamkeit begrenzt werden, damit sie später nötigenfalls revidiert werden können.

## A. Vom Monopol zum Wettbewerb: Herausforderung für die neue Regulierungsbehörde

Mit Verabschiedung des neuen Telekommunikationsgesetzes besteht in Deutschland die Chance, daß im Telekommunikationssektor wettbewerblich geprägte Märkte wachsen. Diese Chance ist einmalig. Wird sie nicht genutzt, besteht die Gefahr, daß Investitionen dauerhaft am deutschen Markt vorbeigehen oder nicht getätigt werden. Erforderlich ist deshalb sofortiges Handeln. Die zentrale Rolle wird dabei die neue Regulierungsbehörde spielen, die zunächst noch aufgebaut werden muß. Es liegt in der Verantwortung dieser Behörde, die Chance für den Standort Deutschland zu wahren, indem sie durch Regulierung Wettbewerb aktiv entwickelt.

### I. Wirtschaftliches Potential der Telekommunikation

Das wirtschaftliche Potential des Telekommunikationssektors ist enorm. Experten gehen davon aus, daß die Telekommunikation in wenigen Jahren die Automobilindustrie als wichtigsten Wirtschaftszweig der Welt überholen wird. Allein auf dem europäischen Telekommunikationsmarkt sollen die Gesamtumsätze im Jahr 2003 400 Milliarden DM betragen. Werden die Chancen des neuen Telekommunikationsgesetzes genutzt, so besteht die Möglichkeit, daß davon fast 100 Milliarden DM auf Deutschland entfallen.

Der Wandel vom Monopol zum Wettbewerb dient den Interessen aller Teilnehmer am Markt. Die Erfahrungen zeigen, daß die Zerschlagung des Telekommunikationsmonopols für jeden Marktteilnehmer – einschließlich des ehemaligen Monopolunternehmens – eine Geschäftsausweitung von 30% zur Folge hat.

Funktionierender Wettbewerb eröffnet Privat- und Geschäftskunden Zugang zu preiswerten und hochwertigen Telekommunikationsdienstleistungen. Preiswerte Telekommunikationsdienstleistungen führen zu Kostenentlastungen bei allen Nutzern.

> Was Wettbewerb bewirken kann, zeigt die Preisentwicklung auf dem Mobilfunkmarkt, der seit wenigen Jahren liberalisiert ist: Hier sanken die Minutenpreise in der Hauptzeit von 1,73 DM (C-Netz) auf 1,19 DM (E-Netz). Bei Gesprächen zwischen Teilnehmern desselben Mobilfunk-Netzes beträgt der Minutenpreis zur Hauptzeit sogar nur 0,59 DM bzw. 0,69 DM je Minute.
>
> Einen dramatischen Preisverfall verzeichneten auch die Endgeräte: 1986 kostete ein C-Netz-Gerät 11.000 DM; heute sind Handies für 1 DM auf dem Markt, wenn gleichzeitig ein langfristiger Kartenvertrag (etwa für ein Jahr) abgeschlossen wird.

## II. Die neuartige Rolle der Regulierungsbehörde

Die wirtschaftlichen Chancen, die die Öffnung des Telekommunikationsmarktes für den Industriestandort Deutschland bietet, werden nur dann realisiert werden, wenn ein fairer Wettbewerb gewährleistet ist. Der Anfang ist mit dem neuen Telekommunikationsgesetz gemacht. Dieses fordert als wichtigstes Ziel die Öffnung der Telekommunikationsmärkte. Chancengleiche und funktionsfähige Wettbewerbsstrukturen müssen jedoch erst noch geschaffen werden, um die vom Gesetz verlangte Marktöffnung erfolgreich auf den Weg zu bringen.

Der neuen Regulierungsbehörde kommt dabei eine entscheidende Rolle zu: Sie hat es in der Hand, durch eine aktive, wettbewerbsfördernde Regulierungspraxis ein Klima zu schaffen, das im Interesse des Standortes Deutschland Investition und Beschäftigung fördert und den Verbrauchern dient.

Diese Behörde wird eine einzigartige Stellung im System der Wirtschaftsaufsicht der Bundesrepublik haben. Im deutlichen Unterschied zu anderen Institutionen, wie etwa der Versicherungs- oder Bankenaufsicht, hat sie drei Aufgaben zu erfüllen:

- *Marktgestaltende Regulierung* zur Durchsetzung von Wettbewerb (z.B. Zusammenschaltungspflicht, Regelung von Schnittstellen für Netzzugang).
- *Sektorspezifische Wettbewerbsaufsicht* zur Verhinderung mißbräuchlichen Verhaltens marktbeherrschender Unternehmen (z.B. Entgeltregulierung, besondere Mißbrauchsaufsicht, Zusammenschlußverbot).
- *Fachaufsicht* zur Berücksichtigung technischer Sachzwänge (z.B. Frequenzordnung, Lizenzerteilung, Zulassung von Endgeräten).

Aufgrund dieser Aufgaben bedürfen der Aufbau wie auch die Ausgestaltung der Befugnisse der Behörde besonderer Aufmerksamkeit. Der Charakter der Aufsicht entspricht damit in den marktrelevanten Bereichen grundsätzlich dem des Bundeskartellamtes. Dieser Bezug wird bei der Durchführung der Regulierungsaufgaben zu beachten sein.

Die Regulierungsbehörde hat jedoch mit der Marktöffnung eine bedeutsame zusätzliche Aufgabe, die sich von der herkömmlichen Kartellaufsicht grundsätzlich unterscheidet. Während Ziel der Kartellaufsicht die Offenhaltung von Märkten ist, geht es bei der Marktöffnung um die davor gelagerte Stufe. Ohne Öffnung des bisher von der Deutschen Telekom kontrollierten Zugangs zum Ortsnetz oder Local Loop wird effektiver Wettbewerb in den übrigen Telekommunikationsmärkten nicht entstehen. Hier muß sichergestellt werden, daß bereits mit Telekommunikationsleistungen versorgte Kunden zu Konkurrenten der bisher allein anbietenden Deutschen Telekom übergehen können.

Diese Zielsetzung unterscheidet sich wirtschaftlich deutlich auch von der Entstehung des Marktes für den Mobilfunk. Hier bestand eine aufgestaute Nachfrage für ein neues Produkt. Für dieses neue Produkt wurde der Wettbewerb eröffnet. Demgegenüber geht es im Bereich des Festnetzes und der Sprachtelefonie um eine bereits weitgehend befriedigte Nachfrage. In diesem Bereich haben weit über 90% aller Haushalte ein Telefon, die jetzt zum Wechsel der Telefongesellschaft veranlaßt werden sollen.

## III. Gefahr falscher Weichenstellung

Das Interesse in- und ausländischer Investoren am deutschen Telekommunikationsmarkt ist groß. Wenn aber jetzt bei der Öffnung des Marktes für den Wettbewerb die Weichen nicht richtig gestellt werden, droht die Gefahr, daß die Bundesrepublik die bestehenden Chancen verpaßt. Der Wirtschaftsstandort Deutschland würde von potentiellen Investoren umgangen. Umsatzstarke Firmen mit hohen Telekommunikationskosten verlagern ihren Standort oder zumindest die kostenverursachenden Faktoren ins Ausland, wenn diese Kosten dort erheblich geringer sind.

> So nehmen auch deutsche Kunden zunehmend Rückruf- oder »Callback«-Dienste in Anspruch, die ihnen internationale Telefondienste zu weitaus niedrigeren Preisen anbieten als sie hier zu erhalten sind. Die Callback-Dienste nutzen dabei die z.B. in den USA erheblich günstigeren Telefontarife, indem sie dort en bloc Übertragungskapazität mit Mengenrabatt kaufen und sie hiesigen Kunden vergleichsweise günstig weiterverkaufen.

Die Schweiz, die mit ähnlichen Standortproblemen wie Deutschland zu kämpfen hat, schätzt die Ertragsausfälle aufgrund von Standortverlegungen umsatzstarker Firmen mit hohem Telekommunikationsaufwand ins Ausland bereits heute auf über 100 Millionen Franken.

## B. Kernprobleme und Lösungen für die künftige Regulierungspraxis

### I. Ad Hoc-Kommission

#### 1. Problem: Politischer Widerstand und fehlende Erfahrung

Erstmals soll in einem Industriezweig – noch dazu in dem bedeutensten Markt der Zukunft – Wettbewerb mit Hilfe regulatorischer Eingriffe hergestellt werden; erstmalig wird eine besondere Behörde mit der Regulierung des Marktzugangs und mit sektorspezifischer Wettbewerbsaufsicht beauftragt und erstmals sollen in einer Behörde Fachaufsicht und Marktregulierung vereint werden.

Die erfolgreiche Umsetzung dieses neuartigen Ansatzes ist mit einer Reihe beachtlicher Schwierigkeiten behaftet, die ihre Ursache vor allem in den folgenden zwei Gründen haben:

- Erstens ist die Regulierungsbehörde politischen Widerständen ausgesetzt, die eine konsequente Marktöffnungspolitik behindern. Zwar herrscht in Politik und Wirtschaft breiter Konsens, *daß* Wettbewerb im Telekommunikationssektor entstehen muß; *wie* dies jedoch erreicht werden soll, ist stark umstritten. Es ist zweifelhaft, ob der politische Wille der europäischen Regierungen stark genug ist, tatsächlich die Strukturreformen durchzusetzen, die zur Schaffung echten Wettbewerbs unerläßlich sind. Zu stark sind die politischen Kräfte, die Entlassungen beim in Staatshand befindlichen Telekommunikationsunternehmen befürchten und zu stark ist das Interesse des Staates, von den Einkünften des Staatsunternehmens zu profitieren.
- Zweitens fehlt es der Verwaltung an Erfahrung mit der Gestaltung des Übergangs von monopolistischen zu freien wettbewerblichen Strukturen. Die Komplexität dieser neuartigen Aufgabe kann nicht überbetont werden: Steuerung des Marktgeschehens durch Regulierung und freier Wettbewerb sind wettbewerbstheoretisch gesehen Gegensätze. Jede Regulierungsentscheidung beeinflußt den Markterfolg und das Marktverhalten direkt oder indirekt betroffener Unternehmen. Die Regulierungsbehörde befindet sich daher permanent auf einer Gratwanderung; ihr Problem besteht dabei vor allem darin, daß sie prognostizieren muß, welchen Effekt jede einzelne Entscheidung für den Gesamtmarkt hat.

## 2. Lösung: Ad hoc-Kommission für den Aufbau der Regulierungsbehörde

Die neue Regulierungsbehörde soll am 1. Januar 1998 ihre Arbeit aufnehmen. Um zu gewährleisten, daß die Behörde spätestens zu diesem Zeitpunkt für die neuen Aufgaben sachlich und personell gerüstet ist, müssen jetzt die notwendigen konzeptionellen Vorbereitungen getroffen werden. Angesichts der Neuartigkeit der Aufgaben und der Chancen, die dabei auf dem Spiel stehen, sollte eine *Ad hoc*-Kommission beauftragt werden, die die Bundesregierung bei der Konzeptionierung der neuen Behörde berät und unterstützt.

Der Beirat ist hierfür nicht das geeignete Gremium. Einerseits kommt er zu spät, weil er nach dem neuen Gesetz frühestens am 1. Oktober 1997 zusammentreten kann. Zum anderen kann er aufgrund seiner Zusammensetzung und Größe mit jeweils neun Mitgliedern des Bundestages und des Bundesrates nicht als Expertengremium angesehen werden. Noch weniger ist für die Erstellung einer Konzeption der Regulierungsrat beim Bundesministerium für Post und Telekommunikation geeignet. Der Regulierungsrat ist mit jeweils einem Vertreter jedes Landes und einer ebenso großen Anzahl von Vertretern des Bundestages noch wesentlich größer als der künftige Beirat; auch ist er mit politischen Mitentscheidungsrechten – z.B. bei der Genehmigung von Entgelten der Deutschen Telekom – ausgestattet, die mit der Funktion eines unabhängigen Beratungsorgans unvereinbar erscheinen.

Benötigt wird vielmehr eine von politischen Interessen unabhängige, kleine, schlagkräftige Expertengruppe, eine *Ad hoc*-Kommission. Diese Expertengruppe kann ihren Arbeitsablauf in kurzer Zeit selbst organisieren und rasch ein konkretes Gesamtkonzept für die neue Behörde erarbeiten. Die Neuartigkeit der Aufgabe erfordert dabei dringend den Rückgriff auf internationale Erfahrungen. Zur Gewährleistung der Unabhängigkeit sollten unterschiedliche Interessengruppen vertreten sein.

In die *Ad hoc*-Kommission sollten daher

- international erfahrene Experten aus Wirtschaft und Wissenschaft berufen werden.
- Praktiker aus Ländern berufen werden, die – wie insbesondere England oder die USA – über längere Regulierungserfahrung mit liberalisierten Telekommunikationsmärkten verfügen;
- der Regulierungsrat und die Bundesregierung einzelne sachkundige Vertreter entsenden;

Mit der Einrichtung der *Ad hoc*-Kommission würden die im neuen Gesetz vorgesehene Mitwirkung des Beirates und die wissenschaftliche Beratung lediglich vorweggenommen. Die Einsetzung eines solchen Expertengremiums ist auch sonst nicht ungewöhnlich:

- Frankreich bedient sich bei der Neukonzeption der Regulierung der Telekommunikation internationaler Berater: Die französische Regulierungsbehörde Direction des Postes et Télécommunications wird laufend von der britischen Regulierungsbehörde OFTEL beraten. Darüber hinaus haben die Franzosen mehrere international besetzte Advisory Groups – u.a. zur Erarbeitung von Regelungsvorschlägen für Interconnection und Universal Service – berufen.
- Das beim Bundesministerium für Post und Telekommunikation eingerichtete Expertengremium für Numerierungsfragen lieferte innerhalb kurzer Zeit 22 praxisnahe, verbraucher- und wettbewerbsfreundliche Empfehlungen, die sich die Bundesregierung in vollem Umfang zu eigen machen konnte. Das Expertengremium war mit Vertretern aus Verwaltung, Wirtschaft und Wissenschaft besetzt.

Bei der noch wesentlich komplexeren Konzeptionierung der für den Zukunftsmarkt Telekommunikation entscheidenden Regulierungsbehörde sollte die Bundesregierung dieses bewährte Instrument ebenfalls einsetzen.

*Forderung 1:*

Die Bundesregierung sollte eine unabhängige *Ad hoc*-Kommission mit international erfahrenen Experten aus Politik, Verwaltung, Wirtschaft und Wissenschaft einsetzen, die konkrete Empfehlungen für die Konzeptionierung der neuen Regulierungsbehörde vorlegt.

*II. Leitmaxime Marktöffnung*

*1. Problem: Kontrolle des Zugangs zum Kunden*

Das zentrale Problem für das Entstehen von Wettbewerb ist die Frage, wie der neue Wettbewerber den Kunden erreichen kann. Die Kontrolle des Local Loop oder des »letzten Stücks Draht« zum Haus- oder Büroanschluß bildet den kritischen Engpaß, der darüber entscheidet, ob neue Wettbewerber zum Kunden kommen und damit darüber, ob sie eine Chance erhalten, sich am Markt zu etablieren. Die Erfahrungen in England, Finnland und den USA lehren, daß Kontrolle über den direkten Zugang zum Kunden in der Regel Kontrolle über den Rest des Markts bedeutet:

- In England, das innerhalb Europas die längste Erfahrung mit Deregulierung im Telekommunikationssektor hat, ist BT, das den Local Loop zu den meisten Endkunden kontrolliert, immer noch das dominierende Telekommunikationsunternehmen. Nur dort, wo eine lokale Telefongesellschaft Fuß fassen konnte, ist es Mercury gelungen, seinen Anteil am Markt für Ferngespräche signifikant zu erhöhen.
- In Finnland konnte Tele Finland nach Beseitigung des Fernmonopols seinen Marktanteil im Fernnetz nur dort halten, wo es auch direkten Kundenzugang erhielt.
- In den USA, wo das lokale Telefongeschäft von dem für Ferngespräche regulatorisch getrennt war, ist es das erklärte Ziel des neuen Telecommunications Act 1996, durch Öffnung des Engpasses auf der lokalen Ebene Wettbewerb in *allen* Telekommunikationsmärkten zu erzeugen.

In Deutschland wird die letzte Meile, der direkte Anschluß zum Kunden, auf absehbare Zeit im wesentlichen von der Deutschen Telekom kontrolliert bleiben. Die Kosten für den Aufbau weiterer Ortsnetze sind zu hoch und – z.B. drahtlose – technische Alternativen werden erst entwickelt.

Damit steht die Regulierungsbehörde vor der höchst komplexen Aufgabe, den »Bottleneck«-Zugang zum Kunden trotz Kontrolle der Ortsnetze durch die marktbeherrschende Deutsche Telekom durchlässig für Wettbewerber zu gestalten.

Solange diese Engpaß-Situation fortbesteht, sind für das Entstehen von Wettbewerb im Telekommunikationssektor Regelungen vor allem in den folgenden drei Bereichen besonders kritisch:

- *Interconnection*: Die Möglichkeit für die neuen Wettbewerber, zu fairen Preisen von der Deutschen Telekom
  - Zusammenschaltung mit deren Netz an jeder gewünschten und technisch machbaren Schnittstelle zu erhalten;
  - entbündelte Leistungen zu verlangen, um möglichst vollständig eigene Leistungspakete anbieten zu können;
  - diskriminierungsfrei räumlichen Zugang für die erforderlichen technischen Einrichtungen an den jeweiligen Netzschnittstellen zu erhalten (Kollokation).

- *Fern-Carrier Auswahl*: Die Möglichkeit für den Kunden, ohne technische Erschwernisse oder zusätzliche Kosten die für ihn günstigste Telefongesellschaft für seine Ferngespräche auswählen zu können.

- *Nummernportabilität*: Die Möglichkeit für den Kunden, beim Wechseln zu einer anderen Telefongesellschaft die alte Telefonnummer beibehalten zu können, um diesen Wechsel zu erleichtern.

*Lösung: Zügige und konsequente Marktöffnungspolitik*

Angesichts des Zusammenhangs zwischen Kontrolle über den direkten Kundenzugang und Wettbewerb in den übrigen Telekommunikationsmärkten muß der im neuen Telekommunikationsgesetz verankerte Auftrag der Marktöffnung direkt an der Kontrolle über den Zugang zum Ortsnetz ansetzen.

Die neuen Wettbewerber werden im Telekommunikationsmarkt nur dann eine echte Chance haben, wenn ihnen für den direkten Kundenzugang eine verläßliche und wettbewerbsfreundliche Regelung zur Verfügung steht. Das gilt nicht nur für die vom Verordnungsgeber erlassenen bzw. noch zu erlassenden Regelungen, mit denen die gesetzlichen Rahmenvorgaben weiter konkretisiert werden, sondern dies gilt auch und besonders für die neue Regulierungsbehörde: Sie muß aktiv alle tatsächlichen Wettbewerbshindernisse beseitigen bzw. ausgleichen, damit die Kontrolle des Local Loop nicht zum Engpaß für die neuen Wettbewerber wird. Damit wird sich das Verhältnis der neuen Behörde zur Deutschen Telekom zwangsläufig anders gestalten als das des noch agierenden Bundesministeriums für Post und Telekommunikation, dessen Aufgabe bisher im wesentlichen in der Verwaltung eines gesetzlich garantierten Monopols bestand.

Soll das Ziel »Marktöffnung in der Telekommunikation« gelingen, muß die neue Behörde insbesondere folgendes sicherstellen:

- *Interconnection Bedingungen* müssen gesetzt werden, die für alle neuen Wettbewerber kundenorientierte Angebote erst möglich machen.

  In den U.S.A. beendete die FCC im August 1996 ein umfassendes Verfahren zu Netzzugangsvereinbarungen. Die erlassenen Vorschriften regeln u.a. Zugangsrechte für alle Betreibergesellschaften zu den Ortsnetzen der etablierten Gesellschaften, sie regeln, welche einzelnen Teile ihrer Dienste Ortsnetzbetreiber anderen Betreibern mindestens entbündelt bereitzustellen haben, wie ein einzelner der räumliche Zugang für die physische Zusammenschaltung der Netze an Vermittlungsanlagen zu schaffen ist und welchen Preis ein Betreiber für die Weiterleitung eines Gesprächs erhält.

  All diese Fragen sind in Deutschland noch nicht festgelegt und werden auch nicht ausreichend detailliert von der Netzzugangsverordnung geregelt. Die neue Regulierungsbehörde wird hier eine Fülle von Einzelentscheidungen treffen müssen, von denen die Entwicklung des Wettbewerbs in der deutschen Telekommunikation abhängen wird.

- *Echte Fern-Carrier Auswahl* muß bestehen.

  In den USA hat sich immer wieder gezeigt, daß selbst dort, wo kein rechtliches Monopol mehr besteht, wirklicher Wettbewerb erst nach bahnbrechenden regulatorischen Entscheidungen möglich wurde. Lange Zeit mußten z.B. Telefonkunden komplizierte sieben- oder gar elfstellige zusätzliche Rufnummern wählen, um ihr Ferngespräch über das damals besonders preisgünstige Unternehmen MCI zu führen.

Erst im Zusammenhang mit der Zerschlagung von AT&T in acht Unternehmen erhielten Telefonkunden das Recht, generell gegenüber ihrem Ortsnetzbetreiber zu bestimmen, bei welchem Unternehmen sie für Ferngespräche Kunde sein wollen. Dieses Unternehmen ist dann über die kurze Rufnummernfolge immer erreichbar. Damit verdoppelte sich der Marktanteil von MCI praktisch über Nacht.

In den USA bekommt heute jeder Kunde für einzelne Gespräche eine Information über die zu wählenden Nummern. Bei Beschwerden besteht die Möglichkeit, sich direkt an die FCC zu wenden.

Das deutsche Gesetz hat sich zwar im Grundsatz für das heute in den USA praktizierte Modell entschieden. Hier bleiben aber eine Fülle von Einzelheiten für die Regulierungsbehörde zu regeln, so z.B., ob sie von ihrer Befugnis Gebrauch macht, das Wahlrecht der Telefonkunden über ihre Fernleitungen ganz oder teilweise auszusetzen und wie Gespräche von Kunden weiterzuleiten sind, die dieses Recht in keiner Richtung ausgeübt haben.

- *Nummernportabilität* muß gewährleistet sein. Ein Unternehmen kann nur schwer überredet werden, auf einen günstigeren Anbieter umzusteigen, wenn dazu große Anstrengungen unternommen werden müssen und es z.B. nötig ist, bei allen Geschäftskunden eine neue Telefonnummer einzuführen.

  Die Befunde der Gallup National Number Portability Survey aus dem Jahre 1994 zeigen zum Beispiel, daß die Bereitschaft US-amerikanischer Kunden, den Teilnehmernetzbetreiber zu wechseln, wesentlich zurückgeht, wenn gleichzeitig die Rufnummer geändert werden muß. Da die Anzahl der durch Wohnortwechsel bedingten Änderungen der Rufnummer in den USA höher ist als in Deutschland, kann vermutet werden, daß die Bedeutung der Nummernportabilität in Deutschland noch ausgeprägter ist als in den USA.

  Die Regelung im Telekommunikationsgesetz ist grundsätzlich befriedigend; entscheidend ist jedoch, daß auch die technische Ausführung gewährleistet ist, damit Nummernportabilität auch tatsächlich zum 1.1.1998 zur Verfügung steht.

Konsequente und harte, am Wettbewerb ausgerichtete Entscheidungen in diesen drei Bereichen bieten die Chance der Marktöffnung auf der Local Loop Ebene und damit die Chance von echtem Wettbewerb auf allen Telekommunikationsmärkten.

Diese Aufgabe der Marktöffnung unterscheidet sich fundamental von der klassischen Wettbewerbsaufsicht: Kartellrecht und Kartellbehörden haben überwiegend die Funktion, bereits entwickelte, wettbewerblich geprägte Märkte – durch Kontrolle des Verhaltens der Wettbewerber im Nachhinein – offenzuhalten. Eine solche Rolle kommt der Regulierungsbehörde in der Telekommunikation nur zu, soweit es – wie im Mobilfunk oder bei den Endgeräten – schon Wettbewerb gibt. Wenn der Wettbewerb einmal mit Hilfe der Regulierung funktioniert, können Unternehmen den Marktzugang von Konkurrenten nicht mehr verhindern. Sie kümmern sich dann auch im eigenen Interesse um die Wünsche der Nutzer. Marktöffnung durch Regulierung ist dann nicht mehr erforderlich.

> Bruno Lassere, Chef der französischen Regulierungsbehörde, spricht von den drei Lebensabschnitten des Regulators: Zuerst streitet er als Anwalt für mehr Wettbewerb und kämpft mit dem alten Monopolunternehmen. Im zweiten Lebensabschnitt, wenn Wettbewerber auf den Markt kommen, ist er Wirtschaftsprüfer, der die Bücher der Unternehmen kontrolliert, um sicherzustellen, daß keiner betrügt. Zuletzt, wenn der Wettbewerb funktioniert und das Wettbewerbs- und Kartellrecht und die Gerichte die Marktordnungsfunktion übernehmen, endet das Leben des Regulierers.

D.h., im jetzigen »Lebensabschnitt des Regulators« ist die zentrale Aufgabe für die neue Regulierungsbehörde die konsequente und zügige Umsetzung der gesetzlich vorgegebenen Leitmaxime Marktöffnung.

*Forderung 2:*

Zur Herstellung funktionierenden Wettbewerbs muß die Regulierungsbehörde die ihr übertragene Marktöffnungspolitik konsequent und zügig betreiben.

*III. Trennung von Regulierung und Eigentümerinteressen*

*1. Problem: Verflechtung von Regulierung und Eigentümerinteressen*

Der Bund besitzt im Augenblick noch 100% der Anteile an der Deutschen Telekom. Ende dieses Jahres soll dieser Anteil auf etwa 80% verringert werden. Wann die Deutsche Telekom vollständig oder zumindest mehrheitlich in privater Eignerschaft sein wird, ist noch ungewiß. Der Bund wird noch lange dominierender Anteilseigner der Deutschen Telekom sein. Der Bund hat damit noch auf lange Sicht ein starkes unternehmerisches Eigeninteresse am wirtschaftlichen Erfolg der Deutschen Telekom.

Es stellt die Unabhängigkeit der Regulierungsinstanzen in Frage, wenn Aufgaben, die mit der Eigentümerrolle des Bundes an der Deutschen Telekom in Zusammenhang stehen, vom Wirtschaftsministerium wahrgenommen werden, das gleichzeitig als übergeordnete Behörde Einfluß auf die Entscheidungen der Regulierungsbehörde nehmen kann. Zwischen dem Regulierungsziel der Marktöffnung und dem Eigentümerinteresse besteht ein prinzipieller Interessengegensatz.

Bis zur Auflösung des Bundesministeriums für Post und Telekommunikation untersteht diesem Ministerium die Beteiligungsverwaltung der Deutschen Telekom. Gleichzeitig ist das BMPT bis dahin Regulierungsbehörde. Wie fragwürdig diese potentielle Verquickung von Eigner- und Regulierungsinteressen ist, veranschaulichen die Vorgänge um die DATEX-P-Dienste: Das Bundeskartellamt stellte im Mai 1994 fest, daß die Deutsche Telekom die DATEX-P-Dienste mit 1,9 Milliarden DM aus dem Monopolbereich quersubventioniert hatte. Niedrige Preise im Wettbewerbsbereich Datendienste wurden durch Monopolgewinne finanziert. Das Bundeskartellamt betonte den wettbewerbsverzerrenden Charakter solcher Ausgleichszahlungen und stellte fest, daß sie nicht gerechtfertigt waren. Maßnahmen zur Beendigung dieses Mißbrauchstatbestandes ergriff das BMPT gleichwohl nicht.

Auch die unabhängige Monopolkommission hat in ihrem neuen Sondergutachten zur Telekommunikation im Wettbewerb auf die Risiken hingewiesen, die mit dem nun beschlossenen Aufsichtsmodell verbunden sind. Gleichzeitig betont die Kommission das überragende Gewicht, das der Organisation der Regulierung für eine erfolgreiche Marktöffnung zukommt.

## 2. *Lösung: Institutionelle Unabhängigkeit der Regulierungsbehörde*

Die Bundesregierung hat es bisher versäumt, das Problem der Unabhängigkeit von Regulierung und Eigentümerinteressen durch organisatorische Maßnahmen sauber zu lösen. Die Forderung des EU-Rechts nach Unabhängigkeit geht weiter als das deutsche Recht. Vorbildlich ist in dieser Hinsicht die neue Schweizer Regelung:

> Die Schweizer Regierung geht in ihrem Gesetzentwurf für ein neues Fernmeldegesetz ganz selbstverständlich davon aus, daß die Tatsache, daß der Staat Haupteigentümer der Telecom PTT ist, nach einer sauberen Trennung zwischen Eignerinteressen des Bundes und dessen Funktion als Marktordnungsmacht ruft. Die Regierung könne nicht über Konzessionen der Telecom PTT befinden, an der sie ganz direkte finanzielle Interessen hat. Deshalb will die Schweiz für telekommunikationsspezifische Entscheidungen eine verwaltungsunabhängige Kommunikationskommission schaffen.

Um dem Vorwurf der Europarechtswidrigkeit wegen unzureichender institutioneller Trennung von Regulierung und Eignerinteressen in der augenblicklichen und der künftigen geplanten Rechtssituation zu entgehen, muß die Bundesregierung zur Sicherung der echten Unabhängigkeit der Regulierungsbehörde die Aufsicht über die Verwaltung der Bundesanteile an der Deutschen Telekom vollständig an das Bundesfinanzministerium übertragen. Zudem sollte der Bund seine Stellung als Mehrheitsaktionär der Deutschen Telekom schneller als bisher geplant aufgeben.

*Forderung 3:*

Die Eigentümer- und Regulierungsinteressen sind durch unverzügliche Überführung der Beteiligungsverwaltung an der Deutschen Telekom auf das Bundesfinanzministerium und durch baldige Aufgabe der Mehrheitsaktionärsstellung des Bundes an der Deutschen Telekom zu trennen.

*IV. Entscheidungsunabhängigkeit*

*1. Problem: Politischer Einfluß auf Entscheidungspraxis der Behörde*

Ein wirtschaftlich so bedeutender Bereich wie die Telekommunikation ist nahezu unvermeidbar politischen Interessen ausgesetzt. Es besteht die Gefahr, daß die Regulierung wirtschafts- oder industriepolitisch instrumentalisiert wird und damit staatlichen Interventionsinteressen dient. Motive können z.B. die Förderung bestimmter Unternehmen oder die Berücksichtigung außenpolitischer Belange sein. Derartige Gesichtspunkte sind im Telekommunikationsgesetz nicht berücksichtigungsfähig. Die Einrichtung von Beschlußkammern macht deutlich, daß es sich bei den Entscheidungen auf der Grundlage des Gesetzes um Rechtsanwendung und nicht um die Ausübung politischen Ermessens handelt. Auch die Zuordnung der Regulierungsbehörde zum Geschäftsbereich des Bundeswirtschaftsministers kann politischen Einfluß allenfalls begrenzt legitimieren. Die Praxis zur vergleichbaren Stellung des Bundeskartellamtes belegt, daß eine wettbewerblich ausgerichtete Aufsicht ohne politische Eingriffe des Ministeriums durchzuführen ist.

*2. Lösung: Rechtlich statt politisch begründete Entscheidungen*

Die im Telekommunikationsgesetz angelegte weitgehende politische Unabhängigkeit der Regulierungsbehörde ist zu wahren. Das Bundeswirtschaftsministerium darf seine Befugnisse nur unter ständiger Beachtung der Zielsetzungen des Telekommunikationsgesetzes ausüben. Einzelweisungen sollten der Praxis gegenüber dem Bundeskartellamt entsprechend nicht oder allenfalls im extremen Ausnahmefall erfolgen. Das gilt insbesondere, solange der Bund noch Mehrheitsaktionär der Telekom ist.

*Forderung 4:*

Die Entscheidungen der Regulierungsbehörde sind wie die des Bundeskartellamts frei von politischen Einflüssen zu halten und nur an den gesetzlichen Kriterien auszurichten.

## V. Persönliche Unabhängigkeit

*1. Problem: Personelle Verflechtung zwischen Ministerium und Deutscher Telekom*

Das Bundesministerium für Post und Telekommunikation ist personell eng mit der Deutschen Telekom verflochten. Das Ministerium bildete früher die Spitze der Deutschen Bundespost/Telekom. Aus dieser historischen Entwicklung sind Verbindungen gewachsen, die in die neue Regulierungsbehörde hineinwirken können, soweit diese mit Beamten aus dem BMPT oder gar mit Mitarbeitern der Deutschen Telekom besetzt wird.

In anderen Ländern sind diese Probleme der Nähe des Regulierers zum historischen Monopolunternehmen als »regulatory capture« bekannt. Bindungen zwischen Regulierungsbehörde und den Monopolunternehmen ermöglichen es diesen Unternehmen, die Behörde am langen Arm zu führen.

Ende 1995 beantragte die Deutsche Telekom beim Bundesministerium für Post und Telekommunikation (BMPT) die Genehmigung eines neuen Geschäftskunden-Rabattkonzepts, das Preisnachlässe für Großkunden bis zu 35% vorsah. Diese Rabatte sollten jedoch nicht den Wettbewerbern der Deutschen Telekom zugute kommen, die u.a. beim Angebot von Diensten für geschlossene Benutzergruppen auf Mietleitungen der Deutschen Telekom angewiesen waren. Trotz dieser Bedenken stimmte der Regulierungsrat beim BMPT dem Konzept im März 1996 zu. Erst aufgrund einer Beschwerde bei der Europäischen Kommission in Brüssel und nach persönlicher Intervention durch den EU-Kommissar van Miert bei Minister Bötsch konnte die Umsetzung des Rabattkonzepts bis zur Herstellung fairer Wettbewerbsbedingungen aufgeschoben werden.

Die überkommene institutionelle Nähe von Bund und Deutscher Telekom soll nunmehr gemindert werden. Das BMPT wird aufgelöst, und Aufgaben werden in den Verantwortungsbereich des Bundeswirtschaftsministeriums (BMWi) verlagert. Aus der Sicht der zukünftigen Wettbewerber der Deutschen Telekom bleibt gleichwohl die Besorgnis der Befangenheit, wenn Beamte des aufgelösten BMPT in das BMWi und/oder in die neue Regulierungsbehörde überwechseln.

*2. Lösung: Transparenter und kontrollierter Übergang zur Regulierungsbehörde*

Mitarbeiter der Regulierungsbehörde müssen in ihrer Person Gewähr für ihre innere Unabhängigkeit bieten. Der Übergang von Personen vom BMPT oder der Deutschen Telekom zur Regulierungsbehörde sollte möglichst vermieden werden. Soweit er aus sachlichten Gründen unumgänglich ist, hat er transparent und kontrolliert zu erfolgen. Es ist an die Einführung von Sperrfristen zu denken. Darüber hinaus sollten behördeninterne Verhaltensregeln den Umgang der Mitarbeiter mit Marktteilnehmern, insbesondere der Deutschen Telekom, ordnen.

*Forderung 5:*

Der Wechsel von Personen von der Deutschen Telekom oder dem Bundesministerium für Post und Telekommmunikation zur Regulierungsbehörde sollte allenfalls in engen Grenzen, in jedem Fall aber transparent und kontrolliert erfolgen.

*VI. Sachkompetenz*

*1. Problem: Fehlende Marktregulierungspraxis*

Die Regulierungsbehörde leidet im Verhältnis zu den von ihr regulierten Unternehmen typischerweise an einem Informationsdefizit. Das ist besonders gravierend in der Marktöffnungsphase, in der die Regulierungsbehörde interventionistisch in den Markt eingreifen muß, und zudem selbst noch keine praktischen Erfahrungen mit den Regeln des allgemeinen Wettbewerbsrechts und denen des Telekommunikationsgesetzes gesammelt hat. Diese Phase ist aber gleichzeitig auch für die Unternehmen besonders kritisch, weil sie jetzt ihre Investitionen planen müssen.

Beispielsweise können Preisregulierung und Kontrolle von Interconnection-Angeboten nur in dem Maße erfolgreich sein, wie die Behörde über zutreffende Informationen über die preisbildenden Faktoren bei den beaufsichtigten Unternehmen verfügt. Die Offenlegung solcher Informationen liegt nicht im Interesse der marktbeherrschenden Unternehmen. Umso mehr kommt es darauf an, daß die Regulierungsbehörde vorgelegte Informationen aus eigener Sachkompetenz kritisch beurteilen kann, um nicht der Informationspolitik des beaufsichtigten Unternehmens ausgeliefert zu sein. Denn sonst reguliert sich der Marktbeherrscher praktisch selbst.

Die britische Regulierungsbehörde OFTEL führt deshalb laufend Marktanalysen der britischen und ausländischen Märkte durch, mißt Effizienz, Preise, Qualitätsstandards sowie Investitionen der Unternehmen und befragt die Verbraucher. Darüber hinaus führt OFTEL Kostenuntersuchungen mit Hilfe externer Berater und der Industrie im Interconnection-Bereich durch.

*2. Lösung: Aufbau eigenen und Nutzung externen Sachverstandes*

Das Problem der Sachkompetenz läßt sich lösen, wenn die Regulierungsbehörde die im Telekommunikationsgesetz angelegten Instrumente nutzt und entsprechend der wettbewerbsorientierten Zielsetzung des Gesetzes anwendet. Die Behörde kann dabei drei Quellen nutzen: die Sachkompetenz eigener Mitarbeiter, externe Experten und das Know-how der regulierten Unternehmen.

- *Eigener Sachverstand.* Die Behörde muß möglichst schnell über eine adäquate, sachkompetente Personalausstattung verfügen können. Dabei ist den unterschiedlichen Regulierungsaufgaben Rechnung zu tragen.

— Die Lösung von Marktöffnungsproblemen erfordert vor allem wirtschaftsrechtliches und ökonomisches Know-how. Wer beurteilen soll, ob ein Unternehmen seine marktbeherrschende Stellung ausnutzt, muß mit kartellrechtlichen Grundkategorien vertraut sein. Wer Entgelte kontrollieren soll, muß ein sicheres Gespür für Fragen der Kostenrechnung haben. Der telekommunikationsspezifische technische Sachverstand ist dagegen bei Marktöffnungs- und Wettbewerbsfragen nicht im selben Maße relevant. Qualifizierte Wirtschaftsjuristen und Ökonomen werden in der Lage sein, sich mit den nötigen technischen Besonderheiten der Telekommunikation vertraut zu machen.

Personalfragen dieser Art sind auch von anderen Behörden in der Vergangenheit mit Erfolg gelöst worden:

— Das Bundeskartellamt hat bei seinem Aufbau eine Auswahl unter mehreren Tausend Bewerbern getroffen und Mitarbeiter mit rechtlichem und wirtschaftlichem Sachverstand gefunden, die aus Wissenschaft, Anwalts- und Wirtschaftsprüferkanzleien, Unternehmen, Gerichten und z.T. auch aus anderen Behörden stammten, denen der Umgang mit wirtschaftsrechtlichen Fragestellungen vertraut war.
— Die europäische Task Force zur Fusionskontrolle ist mit Mitarbeitern aufgebaut worden, die aus den Kartellbehörden der Mitgliedstaaten entliehen waren.
— Die amerikanische FCC rekrutiert viele ihrer Mitarbeiter direkt von den amerikanischen Elite-Universitäten.

- Für die Aufgaben der technisch-fachlichen Aufsicht (u.a. Lizenzierung, Netz- und Frequenzsicherheit) sollten vorrangig bisherige BAPT-Beamte übernommen werden. Diese verfügen dafür über die größte Kompetenz. Insoweit kommen auch Mitarbeiter der Deutschen Telekom oder der Gerätehersteller in Betracht.

- *Externe Experten.* Marktöffnung durch Regulierung kommt nicht ohne externe Beratung aus. Das Telekommunikationsgesetz sieht deshalb ausdrücklich vor, daß die Regulierungsbehörde wissenschaftliche Kommissionen einsetzt und fortlaufend wissenschaftliche Unterstützung nutzt. Zur sinnvollen Ergänzung ihres eigenen Sachverstandes sollte die Regulierungsbehörde insbesondere solche Experten heranziehen, die umfassende Erfahrungen in Ländern mit schon länger liberalisierten Telekommunikationsmärkten gesammelt haben.

- *Nutzung des Sachverstandes der regulierten Unternehmen.* Die Regulierungsbehörde sollte sich in möglichst breitem Umfang des Sachverstandes der regulierten Unternehmen bedienen. Durch umfassende Beteiligung stellt die Behörde sicher, daß sie ihre Entscheidungen auf eine fundierte Kenntnis von Tatsachen und Ansichten stützen kann. Dem auf Marktöffnung gerichteten Zweck des Telekommunikationsgesetzes und dem darin festgelegten Amtsermittlungsprinzip entspricht es, daß die Behörde im Regelfall die Pflicht hat, Stellungnahmen von Wettbewerbern einzuholen und diese auf ihren Antrag förmlich an den Verfahren zu beteiligen.

*Forderung 6:*

Kompetente und unabhängige Ökonomen und Wirtschaftsjuristen sind einzustellen und das Wissen international erfahrener Experten sowie das Know how der Wettbewerber sind in breitem Umfang zu nutzen.

*VII. Transparenz*

*1. Problem: Mangelnde Transparenz*

Das Vertrauen des Marktes in die Regulierungspolitik ist Voraussetzung für Investitionen und damit für die Entwicklung des Industriestandortes Deutschland. Transparenz der Verfahren kann dieses Vertrauen herstellen. Die bisherige Praxis des BMPT entsprach jedoch nicht immer diesem Gebot.

Im Mai 1996, als sich das Gesetzgebungsverfahren für das neue Telekommunikationsgesetz in der heißen Phase befand, erfuhr eine Gruppe neuer Wettbewerber durch Zufall, daß das BMPT Verordnungsentwürfe für Entgelte und offenen Netzzugang der Deutschen Telekom zur Vorabstellungnahme gegeben hatte. Obwohl das BMPT zugesagt hatte, die Entwürfe allen Betroffenen zum gleichen Zeitpunkt durch Veröffentlichung zugänglich zu machen, lagen Bundestagsabgeordneten bereits Kommentare der Deutschen Telekom zu Verordnungsentwürfen des Ministeriums vor, als das BMPT offiziell noch keinen Entwurf herausgegeben hatte.

## 2. Lösung: Offener Regulierungsprozeß

Vertrauen des Marktes in die Regulierung kann nur gewonnen werden, wenn ein offener, transparenter Prozeß der Regulierung in Gang gesetzt wird, der allen Wettbewerbern gleiche Chancen vermittelt, gehört zu werden, bevor grundsätzliche oder verfahrensspezifische Entscheidungen getroffen werden. Offenheit des Regulierungsprozesses ist auch aus Gründen der Gleichbehandlung notwendig.

Um dieses Ziel verfahrensrechtlich zu fördern, muß der zwischen Ministerium, Regulierungsbehörde und Wettbewerbern geführte Diskurs stärker formalisiert und dadurch für alle Beteiligten durchsichtiger gemacht werden.

Die Rulemaking-Verfahren der USA liefern für Transparenz wichtige Anregungen. Dort hat man über Jahrzehnte Erfahrungen mit der Beteiligung von Experten, Unternehmen und Verbänden im Prozeß des Rulemaking der Administrative Agencies gesammelt. Unterschieden werden dort informelle Anhörungsverfahren, die interessierten Kreisen Gelegenheit geben, aufgrund einer von der Behörde veröffentlichten Notice of Proposed Rulemaking schriftliche Stellungnahmen abzugeben, und formelle Anhörungsverfahren, die mündliche Anhörungen einschließen. Die amerikanische FCC beteiligt die Wettbewerber in allen Fällen in einem stark formalisierten Prozeß. Jeder Antrag wird veröffentlicht, ebenso jede Stellungnahme und die Ergebnisse mündlicher Besprechungen.

Zentrales Anliegen dieser Art der Verfahrensgestaltung ist es, einen für alle Beteiligten transparenten Regulierungsprozeß zu institutionalisieren, der es den Interessenten auch erlaubt, Stellungnahmen anderer Angehörter zu kommentieren. Dies fördert das Vertrauen der Wettbewerber in die Fairneß des Regulierungsprozesses. Gleichzeitig ermöglicht es der Regulierungsbehörde, die Angaben von Beteiligten zu überprüfen.

Transparente Verfahren nach internationalem Beispiel ließen sich auch in Deutschland einführen. Ansätze dazu gibt es bereits:

- Im Entwurf der Verordnung über besondere Netzzugänge ist vorgesehen, daß Vereinbarungen über besondere Netzzugänge im Amtsblatt der Regulierungsbehörde bekanntgemacht werden und von Nutzern eingesehen werden können.

- In seiner Informationsserie zu Regulierungsfragen setzte sich das Bundesministerium für Post und Telekommunikation offen mit eingegangenen Stellungnahmen beispielsweise zum Eckpunktepapier Telefondienstmonopol auseinander. Der Entscheidungsprozeß des Ministeriums wurde dadurch durchschaubarer.

Ein offener Regulierungsprozeß, der es den regulierten Unternehmen ermöglicht, die Regulierungsentscheidungen nachzuvollziehen, ist in erster Linie eine Frage der Verwaltungskultur. Die kritische Phase der Marktöffnung erfordert es, daß die nach deutschem Recht bestehenden Möglichkeiten zu mehr Verfahrenstransparenz genutzt werden, damit nicht der Eindruck entsteht, daß die staatsnahe Deutsche Telekom im Vergleich zu anderen Wettbewerbern bevorzugt wird. Transparenz – und damit vertrauensfördernde Maßnahmen – kann auf mehreren Ebenen erreicht werden: bei der Rechtssetzung durch Verordnungen und allgemeine Verwaltungsvorschriften und bei Einzelentscheidungen der Regulierungsbehörde.

- *Rechtssetzungsverfahren.* Grundsatzfragen, welche die Durchführung oder Auslegung des Telekommunikationsgesetzes betreffen, werden durch Verordnungen der Bundesregierung bzw. des BMPT/BMWi, durch allgemeine, d.h. verfahrensübergreifende, Weisungen des Bundeswirtschaftsministers und durch Verwaltungsgrundsätze der Regulierungsbehörde geregelt. Ob und in welcher Form Fachkreise oder Verbände bei der Entwicklung solcher Regeln beteiligt werden, steht zwar grundsätzlich im Ermessen der Behörden. Diese können ihren gesetzlichen Auftrag der Marktöffnung jedoch nur dann sachgerecht erfüllen, wenn sie allen betroffenen Marktteilnehmern Gelegenheit geben, beabsichtigte Marktöffnungsregeln zu kommentieren. Darüber hinaus sollten sie darauf achten, daß sie die Deutsche Telekom bei der Anhörung nicht besser behandeln als ihre Wettbewerber. Im Interesse durchschaubarer Rechtssetzung sollten klare Regeln sicherstellen, daß alle betroffenen Marktteilnehmer grundsätzlich immer zur Stellungnahme aufgefordert werden und daß jeder Marktteilnehmer die Stellungnahmen anderer kommentieren kann.

- *Einzelentscheidungen.* Das Telekommunikationsgesetz ermöglicht weitreichende Transparenz bei Einzelentscheidungen. Bei Entscheidungen beispielsweise über Entgelte oder Netzzugang ist vorgesehen, daß Personen und Personenvereinigungen beigeladen werden, deren Interessen durch die Entscheidung berührt werden. Dies können Wettbewerber, aber auch Verbraucherverbände sein. Im Vergleich zu der ähnlichen Vorschrift im Gesetz gegen Wettbewerbsbeschränkungen verlangt das Telekommunikationsgesetz eine weitaus großzügigere Beiladungspraxis, die alle möglicherweise Betroffenen – unabhängig von der Intensität der Betroffenheit – berücksichtigt. D.h., entgegen der Annahme des BMPT in der »Post Politischen Information« vom August 1996 wäre eine Beschränkung auf »unmittelbare Betroffenheit« eine unzulässig enge Auslegung. Da Beiladung nur auf Antrag vorgesehen ist, müssen potentiell Betroffene über die anhängigen Einzelverfahren informiert werden. Anhängige Verfahren sollten daher wie bei Fusionskontrollverfahren der deutschen und europäischen Kartellbehörden öffentlich bekannt gemacht werden.

*Forderung 7:*

Zur Erhöhung der Transparenz der Rechtssetzungs- und Einzelentscheidungsverfahren sollten die betroffenen Marktteilnehmer umfassend mit vorherigen Stellungnahmen gehört werden.

*VIII. Rechtssicherheit*

*1. Problem: Vorhersehbarkeit der Regulierungsentscheidungen*

Um Investitionen verläßlich planen zu können, muß die Industrie abschätzen können, wie die Regulierungsbehörde den Markt ordnen wird. Investitionen in den deutschen Telekommunikationsmarkt werden daher nur dann im gewünschten Maß erfolgen, wenn sich die künftigen Marktteilnehmer wenigstens im Grundsatz darauf verlassen können, daß die Regulierungsbehörde ihre Entscheidungen konsequent am Ziel der Herstellung eines fairen und chancengleichen Wettbewerbs orientiert.

Bislang herrscht wegen der fehlenden Regulierungspraxis Unsicherheit über die künftige Regulierungspolitik. Insbesondere im Bereich des offenen Zugangs zur Netzinfrastruktur des marktbeherrschenden Anbieters und der dafür berechneten Entgelte gibt es eine Reihe von offenen Fragen. Dies ist für die neuen Marktteilnehmer vor allem deswegen beunruhigend, weil allein die Interconnection-Kosten in der Regel 50% und mehr ihrer Betriebskosten ausmachen.

Das Telekommunikationsgesetz gibt für die Entscheidungen der Regulierungsbehörde in diesen kritischen Fragen nur allgemeine Grundsätze vor, die auch in den Verordnungen nicht ausreichend präzisiert werden.

- Die Netzzugangsverordnung verpflichtet marktbeherrschende Netzbetreiber, Wettbewerbern Netzzugänge nachfragegerecht und entbündelt anzubieten. Diese Pflicht besteht jedoch nicht, soweit »diese Verpflich-

tung im Einzelfall sachlich nicht gerechtfertigt ist«. Kriterien, wann eine »sachliche Rechtfertigung« für die Verweigerung entbündelter Angebote vorliegt, gibt es bisher nicht.
- Entgelte für die Bereitstellung von Netzkapazität unterliegen der Genehmigung durch die Regulierungsbehörde. Die Behörde prüft, ob sich die beantragten Entgelte an den Kosten der effizienten Leistungsbereitstellung orientieren. Aufwendungen, die für die effiziente Leistungsbereitstellung nicht notwendig sind, werden nach der Entgeltverordnung dennoch berücksichtigt, »soweit und solange hierfür ... das beantragende Unternehmen eine sonstige sachliche Rechtfertigung nachweist«. Auch hier gibt es keine Kriterien, wann eine »sachliche Rechtfertigung« an sich nicht notwendiger Aufwendungen vorliegt.

Die »sachliche Rechtfertigung« kann hier zum Einfallstor für wettbewerbsbehindernde Netzzugangs- und Entgeltentscheidungen werden, wenn die Behörde zu geringe Anforderungen daran stellt. Ohne eindeutige, belastbare Entscheidungsvorgaben besteht die Gefahr, daß scheinbare technische Sachzwänge allzuleicht als Vorwand herangezogen werden, um Wettbewerbern effektiven Netzzugang zu verweigern oder ihnen Kosten aufzuerlegen, die ihre Ursache in der Ineffizienz des marktbeherrschenden Unternehmens haben.

Ähnliche Rechtsunsicherheiten gibt es in vielen weiteren Sachbereichen, beispielsweise beim räumlichen Zugang zu Netzschnittstellen (Kollokation), bei den Bedingungen für den Zugang zu Leistungen des marktbeherrschenden Anbieters, bei der Ausgestaltung angeordneter Zusammenschaltungen, und auch beim Universaldienst.

## 2. Lösung: Rechtssicherheit durch klare Entscheidungsleitlinien

Vollständige Rechtssicherheit über die Regulierungspolitik besonders in den wettbewerbskritischen Bereichen wird ähnlich wie beim Bundeskartellamt erst allmählich mit der Spruch- und Entscheidungspraxis der Regulierungsbehörde entstehen. Dieser Prozeß wird sich über mehrere Jahre erstrecken.

Da Investitionsentscheidungen aber jetzt getroffen werden, muß die heute noch fehlende Rechtssicherheit dadurch hergestellt werden, daß die Regulierungsbehörde für ihre jetzigen Entscheidungen klare, verbindliche und veröffentlichte Leitlinien vorgibt, die es den Marktteilnehmern ermöglichen, den Ausgang für sie kritischer Verfahren zu prognostizieren.

> Die bis 1993 vom Bundesministerium für Post und Telekommunikation herausgegebene Informationsserie zu Regulierungsfragen bot auch insoweit einen positiven Ansatz: Im Sinne einer zulässigen Selbstbindung der Verwaltung bei gesetzlichem Ermessen bzw. Auslegungsspielräumen enthielten die darin veröffentlichten Eck-

punkte und Grundsätze verläßliche Hinweise, wie das Ministerium in konkreten Einzelfällen entscheiden würde.

Die jetzt geforderten klaren, verbindlichen Entscheidungsleitlinien müssen konsequent das gesetzliche Ziel der Herstellung eines funktionsfähigen Wettbewerbs in der Telekommunikation verfolgen, damit sie zur Schaffung eines investitionsfreundlichen Klimas in Deutschland beitragen.

Vor allem in den Fällen, in denen Auslegungsspielräume in den Verordnungen bzw. im neuen Gesetz bestehen, müssen diese Leitlinien eine Selbstbindung der Behörde enthalten, im Zweifel für freiheitlichen Wettbewerb zu entscheiden. Technische Sachzwänge oder Gefahren für die Netzsicherheit dürfen in wettbewerbsrelevanten Bereichen nur dann eine Rolle spielen, wenn sie eindeutig nachgewiesen sind. Beim Erlaß verfahrensübergreifender Entscheidungsleitlinien sollte sich die Regulierungsbehörde entsprechend der Vorgabe des Telekommunikationsgesetzes eng an die gesicherte Entscheidungspraxis des Bundeskartellamts anlehnen.

Solche Leitlinien werden allerdings nur dann ihre Funktion, mehr Rechtssicherheit zu erzeugen, voll erfüllen, wenn bei ihrer Erarbeitung die oben geforderte Transparenz gewahrt ist: Ohne den Input der betroffenen Marktteilnehmer in einem geordneten Verfahren riskieren diese Leitlinien, unvollständig zu sein und am Markt vorbei zu regulieren.

*Forderung 8:*

Die Regulierungsbehörde muß klare und verbindliche Entscheidungsleitlinien erarbeiten und veröffentlichen, die konsequent an der Marktöffnungsmaxime ausgerichtet sind.

*IX. Sicherung sachgerechter Entscheidungen durch Gerichtliche Kontrolle*

*1. Problem: Verhinderung sachfremden Einflusses*

Es ist nicht auszuschließen, daß politische oder persönliche Abhängigkeiten wie auch Eigentümerinteressen des Bundes an der Deutschen Telekom zu Einflüssen mit sachfremdem Hindergrund führen, die eine strikte Bindung der Entscheidungen an das Gesetz beeinträchtigen. Eine gerichtliche Überprüfung der Entscheidungen auf der Grundlage des Telekommunikationsgesetzes ist rechtsstaatlich selbstverständlich. Damit werden auch die Interessen der Beteiligten geschützt. Kommt es zur gerichtlichen Überprüfung, so kann sie sachfremden Einfluß abwehren, weil sie ausschließlich an den wettbewerblichen Zielen des Gesetzes ausgerichtet ist. Solche Gewährleistung der Rechtmäßigkeit der Verwaltung setzt allerdings voraus, daß umfassende Möglichkeiten zur gerichtlichen Kontrolle gewährleistet sind.

2. *Lösung: Gewährleistung weitgehender Klagemöglichkeiten von Wettbewerbern*

Umfassende gerichtliche Kontrolle setzt entsprechende Klagemöglichkeiten voraus. Ein elementares Interesse besteht auf Seiten der Wettbewerber. Deren Klagemöglichkeiten sind weitgehend zu gewährleisten. Dies muß durch eine an den Zielen der Marktöffnung ausgerichtete Auslegung bzw. Anwendung prozessualer und materieller Vorschriften sichergestellt werden. Das gilt für die Überprüfung durch Verwaltungsgerichte oder auch Zivilgerichte. Dadurch wird erreicht, daß der Einsatz individueller Wettbewerbsinteressen das öffentliche Interesse an einem funktionsfähigen Wettbewerb in der Telekommunikation sichert und politische Beeinflussungen zumindest weitgehend ausschließt.

*Forderung 9:*

Wettbewerbern sind umfassend Möglichkeiten zur gerichtlichen Überprüfung der Entscheidungen der Regulierungsbehörde einzuräumen, um ein höheres Maß an Sachgerechtigkeit und Freiheit von politischen Einflüssen zu gewährleisten.

*X. Rasche Überwindung der Übergangsphase*

*1. Problem: Mögliche Verzögerung wettbewerblicher Strukturen*

Das Telekommunikationsgesetz sieht vor, daß die neue Regulierungsbehörde ihre Arbeit erst am 1. Januar 1998 aufnimmt. Bis dahin werden Aufgaben, die für die Marktöffnung entscheidende Bedeutung haben, vom Bundesministerium für Post und Telekommunikation wahrgenommen. Gleichzeitig vertritt dieses Ministerium noch immer Eigentümerinteressen des Bundes an der Deutschen Telekom. Dies ist im Prinzip unvereinbar.

Die Übergangsphase ist besonders sensibel, weil jetzt Weichen gestellt werden, deren Wirkungen weit in die Zukunft hineinreichen und die Chancen der Marktöffnung entscheidend beeinflussen. In anderen Ländern hat die Phase der Marktöffnung länger gedauert als nötig, weil am Anfang

Richtungsentscheidungen getroffen wurden, die später in mühseligen und langwierigen Prozessen korrigiert werden mußten. Wenn das Ministerium in der Übergangsphase Weichenstellungen trifft, die von der Regulierungsbehörde auf Jahre hinaus nicht korrigiert werden können, besteht die Gefahr, daß der vom Telekommunikationsgesetz in Gang gesetzte Marktöffnungsprozeß verlangsamt wird. Dadurch würde die Bundesrepublik gesamtwirtschaftliche Schäden in Milliardenhöhe erleiden.

So sind Entgeltgenehmigungen für den Telefondienst der Deutschen Telekom bis zum 31. Dezember 1997 dem Anwendungsbereich des Telekommunikationsgesetzes entzogen. Solche – außerhalb dieses Gesetzes erteilten – Entgeltgenehmigungen bleiben bis längstens 31. Dezember 2002 wirksam. Nach der Begründung der Bundesregierung zum Telekommunikationsgesetz bezweckt die Übergangsregelung,

>»dem Unternehmen Deutsche Telekom für eine Übergangszeit Planungssicherheit zu geben ... um so ein sicheres investives Umfeld für den Börsengang des Unternehmens zu gewährleisten«.

Eine bis Ende 2002 gültige Genehmigung der Tarife wird auf lange Sicht ein wettbewerblich geprägtes Umfeld behindern. Denn dadurch würde zugunsten von Monopolgewinnen der Deutschen Telekom ein Ausgangsentgeltniveau geschaffen, das nach dem vorgesehenen Price-Cap-Verfahren nur allmählich echten Wettbewerbspreisen angepaßt werden kann.

*Lösung: Sicherung der Marktöffnung in der Übergangsphase*

Die Übergangsphase vom monopolistisch geprägten Markt zum Wettbewerb muß so rasch wie möglich vonstatten gehen. Je früher die Konturen einer effizienten, strikt am Prinzip der Marktöffnung orientierten Behörde erkennbar sind, desto besser stehen auch die Chancen für eine erfolgreiche Marktöffnung. Die neue Regulierungsbehörde muß am 1. Januar 1998 voll arbeitsfähig sein. Dies bedeutet auch, daß der neuen Behörde nicht durch Entscheidungen des übergangsweise noch zuständigen Bundesministeriums für Post und Telekommunikation auf Jahre die Hände gebunden sein dürfen. Dafür sollten folgende Vorkehrungen getroffen werden.

- *Regulierung in der Übergangsphase.* Die Forderungen nach Unabhängigkeit, Unparteilichkeit, Transparenz und Rechtssicherheit gelten für die Übergangsphase in erhöhtem Maße. Soweit Entscheidungen vorbereitet und getroffen werden, sollten gerade in der Übergangsphase die dargelegten Prinzipien eines offenen und unparteiischen Regulierungsverfahrens berücksichtigt werden.

- *Befristung von Entscheidungen*. Insbesondere Entscheidungen des Ministeriums, die zu Gunsten der Deutschen Telekom ergehen, sollten von vornherein befristet werden. Diese Forderung gilt z.B. für die Genehmigung von Entgelten der Deutschen Telekom. Die Befristung ermöglicht es, Tarife periodisch zu überprüfen. Sie trägt so zu einer Beschleunigung der vom Gesetz initiierten Marktöffnung bei.

*Forderung 10:*

Entscheidungen des übergangsweise noch zuständigen Bundesministeriums für Post und Telekommunikation sollten in transparenten und unparteiischen Verfahren getroffen und der Kompetenzbefristung entsprechend in ihrer zeitlichen Wirksamkeit begrenzt werden.

## C. Die rechtlichen Grundlagen

Die vorgehend formulierten Forderungen entsprechen den Vorgaben des Europäischen Rechts sowie Zielen und Zwecken des neuen deutschen Telekommunikationsrechts. Sie sind auf der Grundlage des geltenden Rechts machbar.

### I. Ad Hoc-Kommission

#### 1. Rechtliche Befugnis zur Einrichtung der Kommission

Die vorgeschlagene *Ad hoc*-Kommission hat den Charakter eines beratenden Ausschusses oder Beirates. Mit dieser Expertenkommission werden die im Telekommunikationsgesetz vorgesehenen Beratungsorgane Beirat sowie wissenschaftliche Kommissionen lediglich antizipiert (vgl. §§ 67 ff, 70 TKG).

Beratende Ausschüsse sind ein typisches Phänomen der modernen Verwaltung. Die Einsetzung eines beratenden Ausschusses ist eine Organisationsmaßnahme ohne Außenwirkung, solange dem Ausschuß keine (Mit-)Entscheidungsrechte beim staatlichen Handeln eingeräumt sind. Für derartige interne Organisationsmaßnahmen gilt der Vorbehalt des Gesetzes nicht.[1] Darüber hinaus enthalten Art. 65 und 86 Grundgesetz für den Bereich der Bundesregierung Sonderregelungen, wonach der Bundesregierung grundsätzlich eine höhere Organisationsautonomie zukommt als nachgeordneten Behörden.[2]

Diese Beurteilung liegt auch § 62 der Gemeinsamen Geschäftsordnung der Bundesministerien (GGO I) zugrunde, der die Einrichtung von Beiräten vorsieht. Nach § 62 GGO I sollen Beiräte nur für größere Arbeitsgebiete gebildet werden. Bei dem Aufbau der Regulierungsbehörde handelt es sich um ein solches größeres Arbeitsgebiet.

---

1 Vgl. *Jarass/Pieroth*, GG, 3. Aufl., Art. 86 Rn. 2; BVerfGE 40, 237 [250].
2 *Herzog* in: *Maunz-Dürig*, GG, Art. 65 Rn. 60, *Lerche* in: *Maunz-Dürig*, GG, Art. 86 Rn. 46, 96.

## 2. Befugnisse der Kommission

Das Verfahren der *Ad hoc*-Kommission und die Rechte und Pflichten seiner Mitglieder ergeben sich aus den entsprechend anwendbaren §§ 81 ff und §§ 88 ff VwVfG. Die Befugnisse der Kommission beschränken sich auf die Beratung des Ministeriums. Beratung ist ein informeller Prozeß, der vor allem durch gegenseitiges Vertrauen und Kooperation geprägt ist. Eine Bindung der Entscheidung des Ministeriums an die Empfehlungen der Kommission besteht nicht.

Zur sachgerechten Durchführung ihrer Aufgaben bedarf die Kommission möglichst weitgehender Akteneinsichtsrechte und des Zugangs zu den Entscheidungsträgern. Ihre Mitglieder sind deshalb zu Verschwiegenheit und zur gewissenhaften und unparteiischen Erfüllung ihrer Aufgaben zu verpflichten (§§ 83 Abs. 2 VwVfG).

## 3. Auswahl der Mitglieder

Wem die Auswahl der Mitglieder von beratenden Ausschüssen oder Beiräten obliegt, ist in der GGO I nicht geregelt. Die Auswahl kann daher auch von der Bundesregierung als Kollegialorgan vorgenommen werden. Da die *Ad hoc*-Kommission auch Vertrauen bei Industrie und Verbrauchern schaffen soll, sollten deren Verbände ein Vorschlagsrecht für die Mitglieder der Kommission haben. Derartige Vorschlagsrechte sind nicht unüblich (vgl. § 51a BImSchG, § 37 BJagdG). Solange die Bundesregierung nicht an diese Vorschläge gebunden ist, ist ein Vorschlagsrecht verfassungsrechtlich unbedenklich, da die Legitimationskette zu dem parlamentarisch bestellten Bundeskanzler gewährleistet ist. [3]

## II. Leitmaxime Marktöffnung

### 1. Marktöffnung als elementarer Grundsatz des Europarechts

Im Recht der Europäischen Union ist der unverfälschte Wettbewerb gemäß Art. 3 lit. g EG-Vertrag ein elementarer Grundsatz. Dazu gehört nach der Rechtsprechung des Europäischen Gerichtshofs die Marktöffnung. Dies gilt insbesondere in den Wirtschaftsbereichen, in denen ein geschlossener Markt zur Beeinträchtigung des unverfälschten Wettbewerbs oder zur Hinderung des freien Waren- und Dienstleistungsverkehrs führt (Art. 90 Abs. 1

---

3 Vgl. BVerfG, NVwZ 1996, 574 [575].

i.V.m. Art. 30, 59, 86 EGV).[4] Wenn das neue deutsche Telekommunikationsgesetz den Zweck hat (§ 1), »im Bereich der Telekommunikation den Wettbewerb zu fördern und flächendeckend angemessene und ausreichende Dienstleistungen zu gewährleisten«, so wird schon aus dieser Formulierung deutlich, daß der Gesetzgeber mit der Marktöffnung in der Telekommunikation – auch – eine (europa-) verfassungsrechtliche Pflicht erfüllen wollte.

## 2. Die EU-Richtlinien als rechtliche Grundlagen der Marktöffnung

Kernelement des europarechtlich initiierten Marktöffnungsprozesses ist die Einordnung solcher Telekommunikationsunternehmen in den Wettbewerbsprozeß, die sich bisher als »öffentliche Unternehmen« in Staatshand befanden und Monopolrechte genossen. Gleichzeitig muß für neue Unternehmen der Zugang zum Markt eröffnet und darauf geachtet werden, daß sie gegenüber dem Altmonopolisten gleiche Chancen haben. Zur Herstellung gleicher Chancen ist in einzelnen Bereichen temporär – bis funktionsfähiger Wettbewerb etabliert ist – asymmetrische Behandlung der Wettbewerber notwendig.

Rechtlicher Ausgangspunkt für die Einordnung öffentlicher Unternehmen in den Wettbewerb ist Art. 90 EGV. Gemäß Art. 90 Abs. 1 EGV sind die Staaten der Europäischen Union gehalten, in bezug auf Unternehmen, auf dessen Wirtschaftsplanung sie unmittelbaren Einfluß haben (öffentliche Unternehmen), keine Maßnahmen zu treffen, die mit den Wettbewerbsregeln des EG-Vertrags unvereinbar sind. Nach Art. 90 Abs. 3 EGV achtet die Europäische Kommission auf die Anwendung dieser Vorschrift und richtet erforderlichenfalls Richtlinien oder Entscheidungen an die Mitgliedstaaten.

Aufgrund der Ermächtigung des Art. 90 Abs. 3 EGV hat die Europäische Kommission bisher sechs Richtlinien[5] erlassen, die auf die Öffnung der europäischen Telekommunikationsmärkte gerichtet sind. Aus diesen Richtlinien ergeben sich auch Maßgaben für die Organisation und das Verfahren der von den Mitgliedstaaten einzurichtenden Regulierungsbehörde. Sie setzen einen engen Zeitrahmen für die Verwirklichung der Marktöffnung.

---

4 EuGH, Urteil v. 19.3.1991, Rs. C-202/88, Slg. I-1223; EuGH, Urteil v. 17.11.1992, Rs. C-271/90, Slg. I-5833.
5 Richtlinie 88/301/EWG vom 16. Mai 1988 (ABl. L 131/73 vom 27.5.1988); Richtlinie 90/388/EWG vom 28. Juni 1990 (ABl. L 192/10 vom 24.7.1990); Richtlinie 94/46/EG vom 13. Oktober 1994 (ABl. L 268/15 vom 19.10.1994; Richtlinie 95/51/EG vom 18. Oktober 1995 (ABl. L 256/49 vom 26.10.1995; Richtlinie 96/2/EG vom 16. Januar 1995 (ABl. L 20/95 vom 26.1.1996); Richtlinie 96/19/EG vom 13. März 1996 (ABl. L 74/13 vom 22.3.1996).

*3. Marktöffnungskonforme Auslegung des Telekommunikationsgesetzes*

Das Telekommunikationsgesetz beschreibt die Regulierungsaufgabe Marktöffnung in § 1:

> »Zweck dieses Gesetzes ist es, durch Regulierung im Bereich der Telekommunikation den Wettbewerb zu fördern und flächendeckend angemessene und ausreichende Dienstleistungen zu gewährleisten sowie eine Frequenzordnung festzulegen.«

Für die Interpretation des Telekommunikationsgesetzes ergibt sich aus der (europa-)rechtlichen Begründung der Marktöffnung das Prinzip der marktöffnungskonformen Gesetzesauslegung: Das Gesetz ist so auszulegen, daß in seiner praktischen Anwendung durch Regulierung Wettbewerb überhaupt erst hergestellt wird. Der zweite – gemeinwohlorientierte – Gesetzeszweck der flächendeckenden angemessenen und ausreichenden Versorgung mit Dienstleistungen steht mit dem Ziel der Herstellung von Wettbewerb nicht in Konflikt. Der Gemeinwohlzweck wird vielmehr durch die Marktöffnung, die funktionsfähigen Wettbewerb zum Ziel hat, erreicht.

*III. Trennung von Regulierung und Eigentümerinteressen*

*1. Europarechtliche Vorgaben*

Die Unabhängigkeit der Regulierungsbehörde vom jeweiligen (ehemals staatlichen) Monopolunternehmen entspricht einer Forderung des EU-Rechts.[6] Artikel 7 der EU-Diensterichtlinie 90/388/EWG verlangt ausdrücklich die Regulierung durch eine »von den Fernmeldeorganisationen unabhängige Einrichtung«.

Auf diese Weise will das EU-Recht sicherstellen, daß Aufsichtsfunktionen mit verbliebenen unternehmerischen Eigeninteressen des Staates nicht verquickt werden. Gleichzeitig wird die Gefahr vermieden, daß die Regulierungsbehörde das jeweilige öffentliche Unternehmen besser behandelt als seine neuen Wettbewerber.

Die Europäische Kommission betont den fundamentalen Charakter dieser Forderung nach Trennung der Funktionen Regulierung des Telekommunikationssektors und Betrieb der nationalen Fernmeldeorganisation: Sie sei die wichtigste Voraussetzung für die Reform und Liberalisierung der Telekommunikationsmärkte der EU.

---

6 Art. 7 Richtlinie über den Wettbewerb auf dem Markt für Telekommunikationsdienstleistungen, 90/388/EWG, ABl. L 192/10 vom 24.7.1990; Art. 6 der Richtlinie 88/301/EWG (Endgeräte-Richtlinie) entspricht weitgehend dem Wortlaut von Art. 7 der Richtlinie 90/388/EWG.

In ihrer Mitteilung vom 20. Oktober 1995 über den Stand der Umsetzung der Richtlinie 90/388/EWG über Wettbewerb auf dem Markt für Telekommunikationsdienste[7] hat die Europäische Kommission die Anforderungen konkretisiert, die an die Unabhängigkeit der Regulierungsbehörde zu stellen sind: Eine rein rechtliche oder administrative Trennung von kommerziellem Betrieb eines öffentlichen Netzes und Aufsichtsfunktion – wie in Form von zwei Dienststellen eines Ministeriums – vermag danach nur unter folgenden Bedingungen dem Erfordernis des Artikels 7 der EU-Diensterichtlinie zu genügen:

- Es muß nachgewiesen werden, daß eine reale Trennung besteht,
- es muß eine beiderseitige finanzielle Unabhängigkeit gegeben sein, und
- jeder Personalwechsel von der Regulierungsinstanz zur Betriebsinstanz muß besonders überwacht werden.

Die Forderung des EU-Rechts nach Unabhängigkeit hat danach drei Dimensionen: Sie zielt auf Unabhängigkeit zwischen Regulierung und Eigentümerinteressen, auf politische Unabhängigkeit und auf persönliche Unabhängigkeit. Die geforderte strukturelle Trennung kann nach Ansicht der Europäischen Kommission mit hinreichender Dauerhaftigkeitsgewähr in folgenden Formen verwirklicht werden:

- Übertragung der ordnungspolitischen Funktionen an eine Abteilung des zuständigen Ministeriums, wenn das Fernmeldeunternehmen selbst von privaten Anteilsinhabern kontrolliert wird, oder
- Übertragung der betreffenden ordnungspolitischen Funktionen auf eine vom zuständigen Ministerium unabhängige Instanz, wenn das zuständige Ministerium zugleich einziger oder beherrschender Aktionär des Betreibers ist, oder wenn der Staat weiterhin einen erheblichen Anteil hält.

## 2. Umsetzung der institutionellen Unabhängigkeit in deutsches Recht

Ob die europarechtliche Forderung nach Unabhängigkeit zwischen Regulierungsfunktion und Betrieb des nationalen Telekommunikationsunternehmens von der Bundesrepublik vollständig umgesetzt ist, erscheint zweifelhaft. Keine der beiden Formen der strukturellen Trennung, die die Europäische Kommission für geeignet hält, hinreichende Dauerhaftigkeitsgewähr zu bieten, ist in Deutschland eingerichtet. Weder wird die Deutsche Telekom innerhalb absehbarer Zeit von privaten Anteilseignern kontrolliert

---

[7] Mitteilung der Kommision an das Europäische Parlament und den Rat über den Stand der Umsetzung der Richtlinie 90/388/EWG über den Wettbewerb auf dem Markt für Telekommunikationsdienste (95/C 275/02) ABl. C 275/2 vom 20.10.1995, insbes. S. C 275/9 f.

werden, noch sind die ordnungspolitischen Funktionen auf eine vom zuständigen Ministerium vollständig unabhängige Instanz übertragen. Die beiden von der Europäischen Kommission angegebenen Formen der strukturellen Trennung mit hinreichender Gewähr für Dauerhaftigkeit sind zwar nicht rechtlich zwingend. Die Kommission erwähnt selbst, daß die institutionelle Erreichung der Unabhängigkeit in jedem Mitgliedstaat unterschiedlich ausfallen kann. Die Vorschläge der Kommission machen jedoch deutlich, welche Anforderungen an die Unabhängigkeit zu stellen sind.

Nach gegenwärtiger Rechtslage werden die Anteile an der Deutschen Telekom von der Bundesanstalt für Post und Telekommunikation Deutsche Bundespost gehalten.[8] Diese untersteht der Aufsicht des Bundesministeriums für Post und Telekommunikation (BMPT), das, soweit Eigentümerinteressen des Bundes berührt sind, im Einvernehmen mit dem Bundesministerium der Finanzen handelt. Gleichzeitig nimmt das BMPT bis zum 31. Dezember 1997 die der Regulierungsbehörde zugewiesenen Aufgaben wahr (§ 98 TKG). Hinreichende Gewähr für eine reale Trennung zwischen Regulierungsfunktion und Eigentümerinteressen bietet diese Konstruktion nicht.

Nach Auflösung des BMPT soll die Aufsicht über die Bundesanstalt für Post und Telekommunikation Deutsche Bundespost an das Bundeswirtschaftsministerium übergehen. Auch dies bietet keine hinreichende Gewähr für eine reale Trennung. Denn das Bundeswirtschaftsministerium ist nach dem Telekommunikationsgesetz gleichzeitig der neuen Regulierungsbehörde übergeordnet und kann ihr zumindest allgemeine Weisungen erteilen (§ 66 Abs. 1, Abs. 5 TKG).

Die bei Auflösung des BMPT ohnehin notwendige Änderung des Gesetzes über die Bundesanstalt für Post und Telekommunikation kann deshalb genutzt werden, um Regulierungsaufgaben und Eigentümerinteressen entsprechend der EU-rechtlichen Vorgaben eindeutiger als bisher zu trennen. Als Mindestmaßnahme könnte bei dieser Gelegenheit die Aufsicht über die Bundesanstalt vollständig auf das Bundesfinanzministerium übertragen werden.

Langfristig kann jedoch nur eine völlige Privatisierung der Bundesanteile an der Deutschen Telekom Unabhängigkeit von unternehmerischen Eigeninteressen bringen. Um dem Vorwurf europarechtswidrigen Verhaltens zu entgehen, muß der Bund seine Beteiligung an der Deutschen Telekom daher zügiger als bisher geplant aufgeben.

---

8 Vgl. Gesetz über die Errichtung einer Bundesanstalt für Post und Telekommunikation Deutsche Bundespost vom 14. September 1994, BGBl. I. S. 2325.

*IV. Entscheidungsunabhängigkeit*

*1. Europarechtliche Vorgaben*

Die Unabhängigkeit der Regulierungsinstanz von politischen Einflußnahmemöglichkeiten wird von der Europäischen Kommission wie dargelegt generell und insbesondere dann gefordert, wenn – wie in Deutschland – der Staat weiterhin beherrschender Aktionär des nationalen Telekommunikationsunternehmens ist.

*2. Entscheidungsunabhängigkeit im deutschen Recht*

Die Regulierungsaufgaben nach dem Telekommunikationsgesetz werden von einer Bundesoberbehörde wahrgenommen, die dem Bundesministerium für Wirtschaft nachgeordnet ist (§ 66 Abs. 1 TKG). Wichtige Marktöffnungsfragen (z.B. Entgeltregulierung, Zusammenschaltung von öffentlichen Telekommunikationsnetzen, Verpflichtung von Unternehmen zu Universaldienstleistungen) sollen innerhalb der Behörde von Beschlußkammern entschieden werden, deren Verfahren justizähnlich ausgestaltet ist (§§ 73 ff TKG).

Aus dieser Gliederung und den besonderen Vorschriften des Telekommunikationsgesetzes ergibt sich eine begrenzte Unabhängigkeit der Regulierungsbehörde bzw. ihrer Beschlußkammern gegenüber dem Wirtschaftsministerium, die europarechtskonform weit auszulegen ist:

- Das Bundesministerium für Wirtschaft kann der Regulierungsbehörde allgemeine Weisungen für den Erlaß oder die Unterlassung von Entscheidungen nach dem Telekommunikationsgesetz erteilen (§ 66 Abs. 5 TKG). Diese zu publizierenden Weisungen können Auslegungs- oder Anwendungsrichtlinien enthalten. Sie unterliegen den Grenzen des Telekommunikationsgesetzes und dem Grundsatz des Gesetzmäßigkeit der Verwaltung. Allgemeine Weisungen dürfen insbesondere nicht gegen das Marktöffnungsziel verstoßen. Dem Prinzip der europarechtskonformen Gesetzesauslegung entspricht es zudem, daß der Minister von seinem Recht zu allgemeinen Weisungen wegen der gebotenen Unabhängigkeit der Regulierungsbehörde von politischen Einflüssen jedenfalls so lange nur äußerst zurückhaltend Gebrauch machen darf, wie die Deutsche Telekom noch nicht von privaten Anteilseignern kontrolliert wird.
- Ob und in welchem Umfang Weisungen in Einzelfällen zulässig sind, ist zweifelhaft. Das Telekommunikationsgesetz enthält dazu keine besondere Vorschrift. Ähnlich wie beim Bundeskartellamt, das für die rechtli-

che Konstruktion der neuen Regulierungsbehörde Pate gestanden hat, dürften Einzelweisungen hier allenfalls in den – wenigen – Fällen zulässig sein, in denen der Regulierungsbehörde bei Erfüllung aller Tatbestandsmerkmale ein nichtgebundenes Ermessen im Hinblick auf die zu treffende Maßnahme zukommt (z.B. § 31 TKG).[9] Auch insoweit gilt zudem, daß entsprechend der gebotenen europarechtskonformen Auslegung Einzelweisungen nur im Ausnahmefall, d.h. bei drohendem gesetzwidrigen Verhalten, zulässig sein können. Dieser Befund der weitgehenden Unabhängigkeit von fachaufsichtlichen Maßnahmen wird dadurch gestützt, daß nach dem Telekommunikationsgesetz – ähnlich wie gegen Entscheidungen des Bundeskartellamts – kein Widerspruchsverfahren stattfindet, in dem die übergeordnete Behörde die Recht- und Zweckmäßigkeit der erlassenen Entscheidung nachprüfen könnte (§ 80 Abs. 1 TKG).

- Der Bundeswirtschaftsminister hat nach dem Telekommunikationsgesetz nicht, wie nach dem Gesetz gegen Wettbewerbsbeschränkungen, die Möglichkeit, aus Gründen des Gemeinwohls eine Ausnahmeerlaubnis vom Gesetz zu erteilen (sog. Ministererlaubnis, § 24 Abs. 3 GWB). Das TKG enthält keine dem § 24 Abs. 3 GWB vergleichbare Vorschrift.

*V. Persönliche Unabhängigkeit*

*1. Europarechtliche Vorgaben*

Wenn das EU-Recht die Unabhängigkeit der Regulierungsbehörde von der Deutschen Telekom verlangt[10], so gilt diese Forderung in gleichem Maße für die Mitarbeiter der Behörde. Dementsprechend fordert die EU-Kommission, daß »jeder Personalwechsel von der Regulierungsinstanz zur Betriebsinstanz ... besonders überwacht werden« müsse[11], um die Unabhängigkeit der Regulierungsbehörde zu sichern. Insbesondere die Entscheidung von Marktöffnungsfragen ist für Marktteilnehmer mit wirtschaftlichen Vorteilen und wirtschaftlichen Nachteilen verbunden. Mitarbeitern der Behörde dürfen daraus weder Vor- noch Nachteile erwachsen können. Es darf nicht einmal der Eindruck entstehen, Mitarbeiter der Regulierungsbehörde seien einzelnen Unternehmen in besonderer Weise verbunden.

---

9 Zur Weisungsgebundenheit des Bundeskartellamts vgl. *Klaue* in: *Immenga/Mestmäcker*, GWB, Kommentar zum Kartellgesetz, 2. Auflage, § 48 Rn. 11-15.
10 Vgl. Art. 7 der EU-Richtlinie über den Wettbewerb auf dem Markt für Telekommunikationsdienste, 90/388, L 192/10 vom 24.7.1990.
11 Mitteilung der Kommission an das Europäische Parlament und den Rat über den Stand der Umsetzung der Richtlinie 90/388/EWG über den Wettbewerb auf dem Markt für Telekommunikationsdienste, 95/C 275/02 vom 20.10.1995, S. C 10.

## 2. Umsetzung der persönlichen Unabhängigkeit in deutsches Recht

Zur Sicherstellung der Umsetzung der EU-rechtlichen Forderung nach Unabhängigkeit auch in persönlicher Hinsicht erscheint es geboten, den personellen Austausch zwischen Regulierungsbehörde und der Deutschen Telekom jeweils besonders daraufhin zu prüfen, ob die Unabhängigkeit der Regulierungsbehörde gewährleistet bleibt.

Dazu könnten auch bestimmte Sperrfristen eingesetzt werden. Denkbar ist es zudem, daß die Regulierungsbehörde einen behördeninternen »Code of Conduct« für ihre Mitarbeiter erläßt, in dem das Verhalten der Mitarbeiter der Regulierungsbehörde gegenüber Marktteilnehmern, insbesondere gegenüber der Deutschen Telekom, geordnet wird.

## VI. Sachkompetenz

### 1. Sachkompetenz als Forderung des EU-Rechts

Die Forderung nach einer adäquaten Personalausstattung der Regulierungsbehörde wird auch auf EU-Ebene erhoben. Das Europäische Parlament erkennt hierin eine Grundvoraussetzung, um eine effektive, unabhängige Regulierung zu gewährleisten. Es stellt dazu fest:

> »This formal independence is likely to remain a dead letter if national regulatory authorities do not have the human and material resources enabling them to put it into practice.« [12]

Dementsprechend wird die Sicherung der personellen Sachkompetenz voraussichtlich in Kürze durch Art. 5 a der EU-Richtlinie 90/387 auch von EU-Rechts wegen gefordert:

> »(The national regulatory authorities) ... shall be in possession of all the necessary resources, both in terms of staffing, expertise, and financial means to fulfill their mission in full autonomy«. [13]

### 2. Sachkompetenz als Forderung des deutschen Rechts

Zu der Frage, wie die Regulierungsbehörde für eine adäquate Sachkompetenz zu sorgen hat, hält das Telekommunikationsgesetz mehrere Ansätze bereit: die personelle Besetzung der Beschlußkammern (§ 73 TKG), die

---

12 Stellungnahme des Parlaments vom 30.4.1996 zum Richtlinienvorschlag der Kommission 96/C 62/04, S. 13.
13 Amendment 9 der Stellungnahme des Parlaments vom 30.4.1996 zum Richtlinienvorschlag der Kommission 96/C 62/04, S. 17.

wissenschaftliche Beratung (§ 70 TKG) und die Beteiligung/Anhörung berührter Personen bzw. Wirtschaftskreise (§§ 74, 75 TKG).

- *Besetzung der Beschlußkammern.* Die Regulierungsbehörde entscheidet in wettbewerbsrelevanten Verfahren durch Beschlußkammern (§ 73 Abs. 1 TKG), die jeweils mit einem Vorsitzenden und zwei Beisitzern besetzt sind (§ 73 Abs. 2 TKG). Das Telekommunikationsgesetz schreibt hinsichtlich der persönlichen Voraussetzungen für die Vorsitzenden und die Beisitzer der Beschlußkammern vor, daß sie die Befähigung für eine Laufbahn des höheren Dienstes erworben haben müssen (§ 73 Abs. 4 TKG). Im Unterschied zu der ähnlichen Konstruktion der Beschlußabteilungen beim Bundeskartellamt (§ 48 GWB) fordert das TKG also nicht, daß die Mitglieder der Beschlußkammern Beamte auf Lebenszeit sein müssen, welche die Befähigung zum Richteramt oder zum höheren Verwaltungsdienst haben (§ 48 Abs. 4 GWB).
    — Dies ermöglicht es der neuen Regulierungsbehörde, bei der Auswahl ihrer Mitarbeiter auf Nicht-Beamte zurückzugreifen, wenn diese die Befähigung für den höheren Dienst haben.
    — Im Hinblick auf die Auswahl geeigneter und befähigter Mitarbeiter der Regulierungsbehörde (Art. 33 Abs. 2 GG) ist zu berücksichtigen, daß eine Vielzahl von Verwaltungsaufgaben gegenüber der Tätigkeit des Bundesministeriums für Post und Telekommunikation ein Novum darstellen. Für die Beurteilung der Eignung und Befähigung der künftigen Mitarbeiter der Regulierungsbehörde ist daher auf das konkrete Amt abzustellen.
    — Bei der Entgeltregulierung sind u.a. die Kosten effektiver Leistungsbereitstellung zu berechnen bzw. die Angaben der regulierten Unternehmen zu kontrollieren. Dies hat sich in anderen Ländern als eine komplexe Materie erwiesen, die vor allem betriebswirtschaftlichen Sachverstand erfordert. Befähigung für ein Amt im Bereich Entgeltregulierung erfordert mithin einen betriebswirtschaftlichen Hintergrund.
    — Das gilt gleichfalls für den Bereich des Netzzugangs. Hier wird es stark auf den wirtschaftlichen Hintergrund der Vereinbarungen ankommen. Zudem sind hier Wirtschaftsjuristen erforderlich, um die zivilrechtlichen Vereinbarungen zu kontrollieren und gegebenenfalls eine diese Vereinbarung ersetzende Anordnung zu gestalten.
    — Im Bereich der besonderen Mißbrauchsaufsicht nach § 33 TKG stehen bei der Beurteilung der Eignung und Befähigung wettbewerbsrechtliche Kenntnisse und Erfahrungen im Vordergrund. Dies legt es nahe, mit diesen Aufgaben vor allem wirtschaftsrechtlich erfahrene Juristen zu betrauen.

- *Wissenschaftliche Beratung.* § 70 TKG sieht zwei Formen der Zuziehung von externen Experten vor:
  – Wissenschaftliche Kommissionen werden für die Vorbereitung von Entscheidungen bzw. Begutachtung einzelner Fragen (§ 70 Abs. 1 TKG) eingesetzt. Die Mitglieder dieser Kommissionen müssen auf dem Gebiet von Telekommunikation oder Post über besondere volks- oder betriebswirtschaftliche, sozialpolitische, technologische oder rechtliche Erfahrungen und über ausgewiesene wissenschaftliche Kenntnisse verfügen (§ 70 Abs. 1 Satz 2 TKG). Diese Anforderungen können nicht nur Wissenschaftler, sondern auch Praktiker erfüllen.
  – Zudem ist vorgesehen, daß die Regulierungsbehörde fortlaufend wissenschaftliche Unterstützung erhält (§ 70 Abs. 2 TKG). Das TKG läßt offen, welche Anforderungen an Personen oder Organisation(en) zu stellen sind, die fortlaufende wissenschaftliche Unterstützung leisten. Entsprechend dem den §§ 20, 21 VwVfG zugrundeliegenden Rechtsgedanken sollte die Behörde jedoch Personen oder Organisationen, die in finanzieller Abhängigkeit von regulierten Unternehmen stehen, zumindest nicht in solchen Fragen heranziehen, die mit der Marktöffnung oder dem Wettbewerb in der Telekommunikation in Zusammenhang stehen.

- *Einbindung des Sachverstandes der Wirtschaft.* Die Anhörungs- und Beteiligungsvorschriften für Vertreter berührter Wirtschaftskreise bzw. für Personen und Personenvereinigungen, deren Interessen durch die Entscheidungen der Beschlußkammern berührt werden (§ 74 Abs. 2 Nr. 3, § 75 Abs. 2 TKG) eröffnen weitere Möglichkeiten für die Regulierungsbehörde, ihre Entscheidungen auf eine fundierte Basis zu stellen. Die gebotene marktöffnungskonforme Auslegung des Telekommunikationsgesetzes sowie das darin festgelegte Amtsermittlungsprinzip (§ 76 TKG), verdichtet dabei das Ermessen der Regulierungsbehörde im Regelfall zu einer Pflicht, Wettbewerber anzuhören bzw. zu beteiligen und ihnen Gelegenheit zu geben, die Stellungnahmen anderer zu prüfen und zu kommentieren.

## VII. Transparenz

### 1. Europarechtliche Vorgaben

Auch die Forderung nach transparenten Regulierungsverfahren hat ihre Grundlage im EU-Recht. So fordert Art. 8 der Richtlinie 92/44/EWG des Rates vom 5. Juni 1992:

»Die Mitgliedstaaten stellen sicher, daß diese Verfahren einen transparenten Entscheidungsprozeß vorsehen, bei dem die Rechte der Parteien in angemessener Weise gewahrt werden. Die Entscheidung wird getroffen, nachdem beiden Parteien Gelegenheit geboten wurde, ihren Fall darzulegen. Die Entscheidung muß begründet sein und den Parteien innerhalb einer Woche mitgeteilt werden; sie wird nicht vor ihrer Bekanntgabe wirksam. Das Recht der betroffenen Parteien, die Gerichte anzurufen, bleibt durch diese Bestimmung unberührt.«[14]

## 2. Überblick: Transparenz im deutschen Telekommunikationsrecht

Ansatzpunkte zur Verwirklichung von Transparenz gibt es im deutschen Telekommunikationsgesetz auf mehreren Ebenen: Bei der Anhörung und Beteiligung von berührten Wettbewerbern, Experten und Verbänden vor der Regelung von Grundsatzfragen (also vor Erlaß von Verordnungen, verfahrensübergreifenden Richtlinien und Verwaltungsgrundsätzen) und bei ihrer Anhörung bzw. Beteiligung bei der behördlichen Entscheidung von Einzelfällen.

## 3. Transparenz bei der Regelung von Grundsatzfragen

Das Telekommunikationsgesetz enthält 18 Ermächtigungen der Bundesregierung bzw. des BMPT/BMWi zum Erlaß von Verordnungen [15] Der Bundeswirtschaftsminister ist darüber hinaus befugt, allgemeine, d.h. verfahrensübergreifende Weisungen zu erlassen (§ 66 Abs. 5 TKG). Auch die Regulierungsbehörde ist gesetzlich gehalten, verfahrensübergreifende Verwaltungsgrundsätze zu entwickeln und diese zu veröffentlichen (§ 81 Abs. 2 TKG).

Transparenz in diesen Verfahren zur Regelung von Grundsatzfragen bedeutet in erster Linie Offenheit der Verfahren für alle interessierten Kreise. Dabei sprechen die europarechtlichen Transparenzvorgaben und die Sondersituation des Übergangs vom (Staats-)Monopol zum Wettbewerb im Telekommunikationssektor dafür, daß Offenheit der Regulierungsverfahren eine stärkere Formalisierung erfordert.

---

14 Im gleichen Sinne vgl. Art. 2 Abs. 3 der Richtlinie 96/19/EG der Kommission vom 13. März 1996 zur Einführung vollständigen Wettbewerbs auf den Telekommunikationsmärkten:»Mitgliedstaaten ... stellen sicher, daß die relevanten Bedingungen objektiv, nichtdiskriminierend, verhältnismäßig und transparent sind, daß jede Ablehnung begründet wird und daß gegen jede Ablehnung Rechtsmittel eingelegt werden können.«

15 Vgl. § 16 Abs. 1, § 17 Abs. 2, § 27 Abs. 4, § 35 Abs. 5, § 37 Abs. 3, § 41, § 45 Abs. 1, § 47 Abs. 4, § 48 Abs. 3, § 59 Abs. 4, § 60 Abs. 5, § 61, § 62 Abs. 1, § 63 Abs. 1, § 64 Abs. 3, § 87 Abs. 3, § 88 Abs. 2, § 89 Abs. 1 TKG.

- *Faktische Anhörungspflicht.* Die Anhörung von Wettbewerbern und Verbänden bei der Vorbereitung von Gesetzen, Verordnungen und Verwaltungsrichtlinien ist in Deutschland im allgemeinen nicht streng geordnet. Die Gemeinsame Geschäftsordnung der Bundesministerien (GGO II) sieht z.B. vor, daß Vertretungen der beteiligten Fachkreise und der Verbände Gelegenheit zur Stellungnahme erhalten können. Zeitpunkt, Umfang und Auswahl bleiben danach ausdrücklich dem Ermessen der handelnden Ministerien überlassen, soweit nicht Sondervorschriften bestehen. Durch ständige Übung hat sich das Ermessen der Behörden und Ministerien heute nach verbreiteter Ansicht jedoch zur Anhörungspflicht verdichtet. Diese Feststellung gilt jedoch nur für das »Ob« der Anhörung.
- *Formalisierung der Anhörung.* Das Verfahren der Anhörung, also das »Wie«, und insbesondere die Auswahl der anzuhörenden Fachkreise ist bisher nicht formalisiert. Gegen eine solche informelle Beteiligung von Fachkreisen und Verbänden ist im Regelfall nichts einzuwenden, weil die zuständigen Ministerien und Behörden im allgemeinen über hinreichende Branchenkenntnis verfügen, um eine sachgerechte Auswahl unter den anzuhörenden Fachkreisen treffen zu können. Auch besteht im Regelfall nicht die Sorge, daß Behörden aufgrund von wirtschaftlichen Beteiligungsverhältnissen einem Interessenten näher stehen als anderen.

Im Telekommunikationsrecht ist die Situation jedoch anders. Zwischen BMPT und Deutscher Telekom bestehen, wie oben dargestellt, sehr enge Beziehungen, die auch informelle Kontakte erleichtern. Die neuen Mitbewerber der Deutschen Telekom sind demgegenüber darauf angewiesen, offizielle Wege und Verfahren zur Stellungnahme zu nutzen, wenn sie von Behörde und Ministerien beteiligt werden. Wird die Anhörung von betroffenen Wirtschaftskreisen bei der Vorbereitung von Vorschriften, wie bisher, informell gehandhabt, so haben neue Wettbewerber deutlich geringere Chancen als die Deutsche Telekom, mit ihren Ansichten bei Ministerien und Behörde gehört zu werden. Da sie im allgemeinen auch nicht wissen, wie sich die Deutsche Telekom dem Ministerium oder der Behörde gegenüber geäußert hat, sind sie nicht in der Lage, solche Stellungnahmen rechtzeitig und sachgerecht zu kommentieren. Unter solchen Umständen besteht die Gefahr, daß sich die marktbeherrschende Stellung der Deutschen Telekom in einem unkontrollierten und unangemessenen Einfluß auf das Regulierungsverfahren fortsetzt. Diese Sondersituation läßt es daher nicht zuletzt aus europarechtlichen Erwägungen geboten erscheinen, Anhörungen beim Erlaß von Regelungen im Telekommunikationssektor in der Weise zu formalisieren, daß alle interessierten Kreise in gleicher Weise Gelegenheit erhalten, zu Entwürfen Stellung zu nehmen und die Stellungnahmen anderer zu kommentieren.

- *Form der Veröffentlichung von Verwaltungsgrundsätzen.* Das Bundeskartellamt gibt seine Auffasssung zu wichtigen Fragen des Kartellrechts außer in Verwaltungsgrundsätzen formlos in »Leitbriefen«, »Checklisten«, »Merkblättern«, »Presseinformationen« sowie im Tätigkeitsbericht bekannt. Oft handelt es sich auch bei diesen formlosen Veröffentlichungen um Regelungen einer unbestimmten Zahl von Einzelfällen, die jedoch wegen ihrer disparaten Form der Veröffentlichung nicht einfach als solche zu erkennen sind. Dem Bundeskartellamt ist deshalb von Experten bereits zu einer formelleren Behandlung diese Komplexes geraten worden.

Das Telekommunikationsgesetz legt der Regulierungsbehörde Publizitätspflichten auf, die denen des Gesetzes gegen Wettbewerbsbeschränkungen vergleichbar sind. Die Regulierungspraxis der neuen Behörde würde dem Transparenzgebot mehr entsprechen, wenn die Behörde – im Gegensatz zum Bundeskartellamt – von vornherein zu einer überschaubaren Form fände, in der sie ihre Verwaltungsgrundsätze entwickelt und veröffentlicht.

## 4. Transparenz bei Einzelentscheidungen

Einzelentscheidungen zum Telekommunikationsrecht werden von den Beschlußkammern der Regulierungsbehörde getroffen. Das Problem der Öffnung dieser Verfahren für einen möglichst weiten Kreis von Beteiligten stellt sich dabei in unterschiedlicher Form.

- *Erweiterte Anhörungspflichten.* Das Telekommunikationsgesetz räumt den Beschlußkammern die Möglichkeit ein, »Vertretern der von dem Verfahren berührten Wirtschaftskreise« »in geeigneten Fällen Gelegenheit zur Stellungnahme zu geben« (§ 75 Abs. 2 TKG). »Vertreter« können einzelne repräsentative Unternehmen, Vereinigungen oder Verbände sein, die die Interessen des berührten Wirtschaftskreises wahrnehmen. Mit der Umschreibung »Vertreter berührter Wirtschaftskreise« soll also keine enge Beschränkung vorgenommen werden; Zweck der Vorschrift ist es vielmehr, daß die formell an einem Verfahren Beteiligten die Anhörung der in dieser Vorschrift genannten Personen nicht rügen können.

Der Wortlaut des Gesetzes räumt der Behörde ein Ermessen bei der Frage ein, ob sie Vertreter berührter Wirtschaftskreise anhören will; bei der Auswahl der Vertreter hat sie einen Beurteilungsspielraum. In beiden Fällen muß die Behörde die Vorschrift jedoch marktöffnungskonform und unter Berücksichtigung ihrer Amtsermittlungspflicht auslegen. Daraus folgt, daß sie im Regelfall verpflichtet ist, in Verfahren, die sich gegen die Deutsche Telekom richten, Vertreter berührter Wirtschaftskreise, insbesondere der Wettbewerber, anzuhören.

- *Umfassende Verfahrensbeteiligungspflicht.* Von der Anhörung berührter Wirtschaftskreise unterscheidet das Telekommunikationsgesetz die Verfahrensbeteiligung. Während eine Anhörung nach § 75 Abs. 2 TKG keine Verfahrensrechte der hinzugezogenen Wirtschaftskreise begründet, ist die Verfahrensbeteiligung gemäß § 74 Abs. 2 Nr. 2 TKG an die Voraussetzung geknüpft, daß Personen und Personenvereinigungen durch die von der Regulierungsbehörde zu treffende Entscheidung in »ihren Interessen berührt« werden. Das Telekommunikationsgesetz gibt diesem Personenkreis die Möglichkeit, in Verfahren vor der Beschlußkammer eigene Anträge zu stellen.

Verwaltungsverfahrensgesetz und Verwaltungsgerichtsordnung einerseits sowie GWB und TKG andererseits wählen zur Abgrenzung des Kreises möglicher Beteiligter unterschiedliche Begriffe: Während § 13 Abs. 2 S. 1 VwVfG und § 65 Abs. 1 VwGO davon sprechen, daß zum Verfahren herangezogen werden kann, wessen »rechtliche Interessen« durch den Ausgang des Verfahrens berührt werden können, stellen § 51 Abs. 2 Nr. 4 GWB und § 74 Abs. 2 Nr. 3 TKG nur auf »Interessen« ab, die berührt werden. Der Kreis möglicher Beteiligter ist dadurch im Vergleich zu VwVfG/VwGO verändert: Für eine Verfahrensbeteiligung nach TKG/GWB kommt es nicht auf »Rechte« an, die berührt sein müssen, sondern nur auf »Interessen«, die wirtschaftlicher Art sein können.

Zudem erweitert das Telekommunikationsgesetz im Vergleich zum Gesetz gegen Wettbewerbsbeschränkungen den Kreis der Verfahrensbeteiligten. Während das GWB für eine Beteiligung von Unternehmen am Verfahren nämlich eine »erhebliche« Interessenberührung fordert (§ 51 Abs. 2 Nr. 4 GWB), verlangt das Telekommunikationsgesetz lediglich eine (einfache) Interessenberührung (§ 74 Abs. 2 Nr. 3 TKG), die nicht näher – insbesondere nicht im Sinne einer unmittelbaren Betroffenheit – qualifiziert ist. Der Kreis der an den Verfahren bei den Beschlußkammern nach § 74 TKG auf Antrag zu beteiligenden Personen muß deshalb wesentlich großzügiger gezogen werden als der nach dem GWB.

## VIII. Rechtssicherheit

### 1. Erforderlichkeit von Verwaltungsgrundsätzen

Die Regulierungsbehörde steht vor der schwierigen Aufgabe, unbestimmte Rechtsbegriffe des Telekommunikationsgesetzes anwenden zu müssen. Für Wettbewerber, die auf einen verläßlichen Ordnungsrahmen für ihre Investitionen angewiesen sind, stellt sich – jedenfalls für eine Übergangsphase, in der sich noch keine behördliche oder gerichtliche Spruchpraxis entwickelt hat –, das Problem der Vorhersehbarkeit der behördlichen Entscheidungen.

Die oben aus Gründen der Transparenz des Regulierungsverfahrens erhobene Forderung nach einer übersichtlichen und stärker formalisierten Veröffentlichungspraxis für Verwaltungsgrundsätze findet damit eine weitere – sehr grundsätzliche – Begründung in der Notwendigkeit, im Regulierungsverfahren Rechtssicherheit zu gewährleisten.

In formeller Hinsicht verpflichtet das Telekommunikationsgesetz (§ 81 Abs. 2) die Regulierungsbehörde aus diesem Grund dazu, »fortlaufend in ihrem Amtsblatt ihre Verwaltungsgrundsätze« zu veröffentlichen. Wenn das Gesetz die Veröffentlichung solcher Grundsätze fordert, so enthält diese Forderung denknotwendig zunächst den Auftrag, solche Verwaltungsgrundsätze überhaupt zu entwickeln.

*2. Maßstäbe für den Erlaß von Verwaltungsgrundsätzen*

Die Verwaltungsgrundsätze haben den Zweck, die Ausübung von behördlichem Ermessen sowie die Interpretation unbestimmter Rechtsbegriffe verfahrensübergreifend zu binden. Bei der Konkretisierung des Telekommunikationsgesetzes durch Verwaltungsgrundsätze sind die dem Gesetz zugrundeliegenden EU-Richtlinien sowie die gesicherte Entscheidungspraxis des Bundeskartellamts zur Auslegung des GWB heranzuziehen. Dies bedeutet, daß die Verwaltungsgrundsätze sich insbesondere an der Leitmaxime Marktöffnung orientieren müssen und in Zweifelsfällen dem freiheitlichen Wettbewerb den Vorrang vor technischen Sachzwängen einräumen müssen, wenn diese nicht mit letzter Sicherheit nachgewiesen werden.

*IX. Sicherung sachgerechter Entscheidungen durch gerichtliche Kontrolle*

Eine gerichtliche Überprüfung der Entscheidungen auf der Grundlage des Telekommunikationsgesetzes ist rechtsstaatlich selbstverständlich. Sie gewährleistet die Rechtmäßigkeit der Verwaltung. Damit werden auch die Interessen der Beteiligten geschützt. Der gerichtliche Rechtsschutz ist darüber hinaus insbesondere im Bereich der Wettbewerbsaufsicht eine Absicherung gegen eine Politisierung von Entscheidungen. Voraussetzung für eine gerichtliche Kontrolle sind entsprechende Klagemöglichkeiten.

## 1. Verwaltungsgerichtlicher Rechtsschutz: Kontinuität der Verfahrensbeteiligung

Die Befugnis, gerichtlich gegen Entscheidungen des Kartellamts vorzugehen, ist nach dem GWB (§ 62 Abs. 2, § 66 Abs. 1) ausdrücklich (automatisch) an die Beteiligung am Verfahren bei der Beschlußabteilung des Bundeskartellamts geknüpft; es gilt hier also der Grundsatz der Kontinuität der Verfahrensbeteiligung. Dieser Grundsatz eröffnet allen Beteiligten des behördlichen Ausgangsverfahrens, unabhängig von der Möglichkeit einer eigenen Rechtsverletzung, die Möglichkeit einer Beschwerde zum Kammergericht.

Dieser Grundsatz der Kontinuität der Verfahrensbeteiligung ist im Telekommunikationsgesetz nicht ausdrücklich normiert. Daraus folgt zunächst, daß das zuständige Verwaltungsgericht die Zulässigkeit der Klage eines Verfahrensbeteiligten gegen eine Entscheidung der Regulierungsbehörde im Sinne des § 74 Abs. 2 Nr. 3 TKG nicht schon aufgrund dessen Beteiligtenstatus im behördlichen Ausgangsverfahren bejahen, sondern von der Möglichkeit abhängig machen wird, daß durch die regulierungsbehördliche Entscheidung eigene Rechte des Betroffenen verletzt worden sind (§ 42 Abs. 2 VwGO).

Eine solche Prüfung würde sich als empfindliche Beschränkung der Rechtsschutzmöglichkeiten der Verfahrensbeteiligten auswirken, wenn man den Schutzzweck des Telekommunikationsgesetzes in der Weise einschränkte, daß es nicht – zumindest auch – den Schutz der Verfahrensbeteiligten (in aller Regel Wettbewerber oder Nutzer) bezweckt. Demgegenüber ist zu betonen, daß alle Normen des TKG, die der Marktöffnung dienen, nicht lediglich den Schutz des Wettbewerbs als Institution bezwecken, sondern gleichzeitig den Schutz jedes einzelnen Wettbewerbers bzw. Nutzers. Die Zurückweisung der Klage eines Verfahrensbeteiligten mangels drittschützender Wirkung der von ihm als verletzt gerügten Norm des Telekommunikationsgesetzes dürfte auf der Basis der gebotenen marktöffnungskonformen Auslegung des Gesetzes ausgeschlossen sein.

Eine Beschränkung der Rechtsschutzmöglichkeiten Beteiligter verbietet sich im übrigen aufgrund systematischer Überlegungen: Wenn das Telekommunikationsgesetz, wie festgestellt, in § 74 die Beteiligungsrechte im behördlichen Verfahren im Vergleich zum GWB erweitert, so ist es unschlüssig, die Rechtsschutzmöglichkeiten im Vergleich zum GWB zu beschränken. Schlüssig ist nur eine Auslegung des TKG, die jedenfalls auf einen mit dem Gesetz gegen Wettbewerbsbeschränkungen vergleichbaren Rechtsschutzstandard hinausläuft.

Es gilt daher auch im Telekommunikationsrecht, daß grundsätzlich gegen eine regulierungsbehördliche Entscheidung klagen kann, wer am behördlichen Ausgangsverfahren gemäß § 74 Abs. 2 TKG beteiligt war.

Die der Marktöffnung dienenden Normen des Telekommunikationsgesetzes haben – zumindest auch – den Zweck, Interessen von Wettbewerbern und Nutzern zu schützen.

## 2. Zivilgerichtlicher Rechtsschutz: Privatrechtliche Durchsetzung des Wettbewerbsrechts

Amerikanische Erfahrungen lehren, daß eine Durchsetzung der Wettbewerbsgesetze auf breiter Front niemals durch behördliche Aktivitäten allein, sondern nur durch eine umfassende Mobilisierung der Interessen Privater an der Beachtung der Wettbewerbsgesetze zu erreichen ist. Die Zunahme der privaten Schadensersatzklagen auf Grund der Antitrust-Gesetze hat in den USA dazu geführt, daß deren strikte Beachtung für viele Unternehmen zu einer Lebensfrage geworden ist. In Deutschland ist die Bedeutung einer privatrechtlichen Durchsetzung der Wettbewerbsgesetze lange Zeit verkannt worden. Dementsprechend haben die Gerichte die Schutzgesetzeigenschaft der Normen des GWB zunächst nur mit großer Zurückhaltung anerkannt. In jüngerer Zeit hat sich hier jedoch eine deutliche Tendenzwende ergeben.[16]

Der Grundgedanke einer privatrechtlichen Durchsetzung der wettbewerbsrelevanten Vorschriften ist mit der Regelung des § 40 TKG bewußt auch in das Telekommunikationsrecht übertragen worden: Das Gesetz gewährt Nutzern von Telekommunikationsleistungen Schadensersatz (und ggf. auch einstweiligen Rechtsschutz), wenn ein Anbieter gegen das Telekommunikationsgesetz, eine aufgrund des Gesetzes erlassene Vorschrift oder eine entsprechende Anordnung der Regulierungsbehörde verstößt, sofern die Vorschrift oder die Anordnung den Schutz des Nutzers bezweckt.

## 3. Schutzgesetzcharakter des Telekommunikationsgesetzes

Der privatrechtliche Rechtsschutz von Wettbewerbern richtet sich, abweichend von der Systematik des GWB, nicht nach einer Spezialnorm des Telekommunikationsgesetzes, sondern nach den allgemeinen Vorschriften des BGB. Gemäß § 823 Abs. 2 BGB ist derjenige zu Schadensersatz verpflichtet, der gegen ein den Schutz eines anderen bezweckenden Gesetzes verstößt; ein solches Schutzgesetz stellen auch die wettbewerbsschützenden Regelungen des Telekommunikationsgesetzes dar.

---

16 Vgl. dazu insbesondere den Überblick von *Emmerich* in: *Immenga/Mestmäcker*, GWB, Kommentar zum Kartellgesetz, 2. Auflage. § 35 Rn. 10-17.

Bei Beantwortung der Frage der Schutzgesetzeigenschaft der Normen des Telekommunikationsgesetzes darf nicht erneut, wie nach Einführung des Gesetzes gegen Wettbewerbsbeschränkungen, der Fehler begangen werden, den Schutzgesetzcharakter des TKG mit der Begründung zu beschränken, das TKG schütze zwar den Wettbewerb, nicht aber die Rechte der Wettbewerber. Die vom Telekommunikationsgesetz initiierte Marktöffnung dient nicht lediglich dem öffentlichen Interesse. Es gehört vielmehr zu den Grundeinsichten über den Zusammenhang von Individualrechten, Wettbewerb und öffentlichem Interesse, daß das öffentliche Interesse durch Wettbewerb gefördert wird, Wettbewerb aber nicht ohne Begründung von Individualrechten denkbar ist: Institutionen- und Individualschutz sind keine Gegensätze, sondern zwei Seiten derselben Medaille, nämlich des Schutzes der Freiheit und Gleichheit aller einzelnen als der Voraussetzungen jeder funktionsfähigen Privatrechts- und Wettbewerbsordnung[17].

Diesen engen Zusammenhang zwischen Individual- und öffentlichem Interesse hat der Gesetzgeber auch bei der Formulierung des Telekommunikationsgesetzes berücksichtigt: Gemäß § 1 TKG ist es »Zweck des Gesetzes, durch Regulierung im Bereich der Telekommunikation den Wettbewerb zu fördern und flächendeckend angemessene und ausreichende Dienstleistungen zu gewährleisten«. »Ziel« des Gesetzes ist es nach § 2 TKG, »die Interessen der Nutzer zu wahren« und »chancengleichen und funktionsfähigen Wettbewerb« sicherzustellen. Die »Ziele« des § 2 TKG haben also in Hinblick auf den »Zweck« des Gesetzes instrumentalen Charakter: In dem Maß, in dem chancengleicher Wettbewerb gewährleistet ist, steigen auch die Chancen für eine flächendeckende und ausreichende Versorgung. Daraus ist zu folgern, daß sich eine Differenzierung von Normen des TKG, die entweder dem öffentlichen oder dem Interesse der Nutzer bzw. Wettbewerber dienen, grundsätzlich verbietet.

## X. Rasche Überwindung der Übergangsphase

### 1. Organisation der Regulierung in der Übergangsphase

Das Bundesministerium für Post und Telekommunikation, das bis zum 31. Dezember 1997 noch die Aufgaben der Regulierungsbehörde wahrnimmt (§ 98 TKG), kann weitgehend die Verfahrens- und Organisationsre-

---

17 *Hoppmann*, Das Schutzobjekt des GWB, in: Wettbewerb als Aufgabe (1968), S. 61, 92 ff. *Emmerich* in: *Immenga/Mestmäcker*, GWB, Kommentar zum Kartellgesetz, 2. Auflage, § 35 Rn. 17.

geln des Telekommunikationsgesetzes bereits für die jetzt laufenden bzw. anstehenden Verfahren antizipieren.
- *Entscheidung durch Beschlußkammern.* Die Verwaltung ist grundsätzlich im Hinblick auf ihre interne Organisation frei, sofern keine gesetzlichen Regelungen bestehen. Das BMPT könnte daher den Beschlußkammern nach dem TKG entsprechende Spruchkörper bilden, die in öffentlichen Verfahren entscheiden, soweit dadurch nicht die Rechte von Verfahrensbeteiligten beeinträchtigt werden. Grenzen findet diese Möglichkeit vor allem in Geheimhaltungspflichten, insbesondere nach § 30 VwVfG.
- *Beteiligung und Anhörung Dritter.* Eine der Beteiligung und Anhörung Dritter gemäß § 74 Abs. 2 Nr. 3, § 75 Abs. 2 TKG entsprechende Praxis könnte nach § 13 Abs. 2 und Abs. 3 VwVfG eingeführt werden. § 13 Abs. 2 VwVfG fordert die Möglichkeit der Berührung in rechtlichen Interessen für die Hinzuziehung als Beteiligter. Das Marktöffnungsziel des Telekommunikationsgesetzes und der darin liegende Schutzzweck der einzelnen Wettbewerber spricht dafür, daß die Berührung von Wettbewerbern in wirtschaftlichen Interessen ein rechtliches Interesse im Sinne des § 13 Abs. 2 VwVfG begründet.

2. *Befristung von Entscheidungen*

Bei der Zulässigkeit der Befristung von Entscheidungen nach dem Telekommunikationsgesetz ist zu unterscheiden zwischen den Sonderregeln des TKG und den allgemeinen Vorschriften nach § 36 VwVfG.
- *Befristung nach den Sonderregeln des TKG.* Für Lizenzen im Sinne der §§ 6 ff TKG gilt die Sonderregel des § 8 Abs. 4 TKG. Danach kann eine Lizenz nur dann befristet werden, wenn dies wegen der Knappheit der zur Verfügung stehenden Frequenzen geboten ist. Dies folgt aus dem Anspruch des Antragstellers auf Erteilung einer Lizenz und soll dazu dienen, die Lizenzausübung auf Dauer nicht auf wenige zu beschränken.[18]

Entgeltgenehmigungen sind nach § 28 Abs. 3 TKG grundsätzlich zu befristen, um die Entgelte marktbeherrschender Anbieter periodisch überprüfen zu können.[19] Diese Regelung findet auf Genehmigungen der Sprachtelefon-Entgelte der Deutschen Telekom vor dem 1. Januar 1998 keine Anwendung (§ 97 Abs. 3 TKG). Für diese Genehmigungen gilt

---

18 Begr. der BReg, BR-Drs. 80/96, S. 37 f.
19 Begr. der BReg, BR-Drs 80/96, S. 44.

ausschließlich das Gesetz über die Regulierung der Telekommunikation und des Postwesens (PTRegG), welches keine Regelung für die Befristung enthält.

- *Befristung nach den allgemeinen Regeln des VwVfG.* Die Zulässigkeit der Befristung der Entgeltgenehmigungen der Deutschen Telekom im Sprachtelefondienst richtet sich nach § 36 Abs. 1 VwVfG. Diese Vorschrift macht die Zulässigkeit der Befristung eines Verwaltungsaktes, auf den ein Anspruch besteht, davon abhängig, daß sie der Sicherstellung der gesetzlichen Voraussetzungen der Genehmigung dient. Es besteht ein Anspruch auf eine Entgeltgenehmigung (§ 4 Abs. 2 PTRegG), wenn das Entgelt den Zielen der Regulierung nach § 2 PTRegG entspricht. Zu den Zielen des PTRegG gehört die Schaffung eines modernen und preisgünstigen Angebots an Telekommunikationsdienstleistungen (§ 2 Nr. 1 PTRegG) und der Verbraucherschutz (§ 2 Nr. 6 PTRegG). Sofern die Erteilung einer unbefristeten Entgeltgenehmigung die Senkung der im internationalen Vergleich hohen deutschen Telefongebühren auf längere Sicht verhindert und damit den Interessen der Verbraucher widerspricht, erscheint eine Befristung nicht nur zulässig, sondern sogar geboten.

  § 97 Abs. 3 TKG, der eine Geltung der Entgeltgenehmigungen bis 31.12.2002 zuläßt, steht dem nicht entgegen. Denn einerseits sollen die Genehmigungen »längstens« bis 31.12.2002 gelten. Daraus ist zu schließen, daß der Gesetzgeber im Regelfall von einer kürzeren Laufzeit ausgeht. Zum anderen dient diese Regelung allein dem fiskalischen Interesse des Bundes an einem möglichst hohen Ertrag aus dem Verkauf der Anteile an der Deutschen Telekom.[20] Dieses Interesse ist weder eines der Ziele des TKG, noch geht es dem Schutz der Verbraucher und der anderen Telekommunikationsanbieter im Range vor.

---

20 Begr. der BReg, BR-Drs. 80/96. S. 58.

## D. Aktionsprogramm: Zehn Forderungen für eine Effiziente Regulierungsbehörde

Auf der Grundlage der vorgehenden Diskussion ergibt sich ein Mindestkatalog von zehn Forderungen, deren Umsetzung größtmögliche Sicherheit bietet, daß die Marktöffnung im Telekommunikationssektor gelingt. Einzelne Forderungen mögen unüblich in der deutschen Verwaltungspraxis erscheinen; die vom Telekommunikationsgesetz geforderte Marktöffnung ist jedoch keine übliche Verwaltungsaufgabe. Auf der Basis des folgenden Forderungskatalogs sollte so schnell wie möglich mit dem Aufbau der neuen Regulierungsbehörde begonnen werden.

*1. Ad hoc-Kommission*

Die Bundesregierung sollte eine unabhängige *Ad hoc*-Kommission mit international erfahrenen Experten aus Politik, Verwaltung, Wirtschaft und Wissenschaft einsetzen, die konkrete Empfehlungen für die Konzeptionierung der neuen Regulierungsbehörde vorlegt.

*2. Leitmaxime Marktöffnung*

Zur Herstellung funktionierenden Wettbewerbs muß die Regulierungsbehörde die ihr übertragene Marktöffnungspolitik konsequent und zügig betreiben. Dies gilt insbesondere in dem für das Entstehen von Wettbewerb kritischen Engpaß des direkten Zugangs zum Kunden.

*3. Trennung von Regulierung und Eigentümerinteressen*

Regulierungsaufgaben sind von Eigentümerinteressen scharf zu trennen. Um Interessenkonflikten im Zuständigkeitsbereich des Bundeswirtschaftsministeriums vorzubeugen, ist die Aufsicht über die Beteiligungsverwaltung der Deutschen Telekom vollständig in das Bundesfinanzministerium zu verlagern und die Mehrheitsaktionärsstellung des Bundes an der Deutschen Telekom schneller als geplant aufzugeben.

*4. Entscheidungsunabhängigkeit*

Die Entscheidungen der Regulierungsbehörde sind wie die des Bundeskartellamts frei von politischen Einflüssen zu halten und nur an den gesetzlichen Kriterien auszurichten.

*5. Persönliche Unabhängigkeit*

Der Wechsel von Personen von der Deutschen Telekom oder dem Bundesministerium für Post und Telekommmunikation zur Regulierungsbehörde sollte allenfalls in engen Grenzen, in jedem Fall aber transparent und kontrolliert erfolgen.

*6. Sachkompetenz*

Zur Bewältigung der neuen Regulierungsaufgaben müssen kompetente und unabhängige Ökonomen und Wirtschaftsjuristen eingestellt, das Wissen international erfahrener Experten und das Know how der Wettbewerber in breitem Umfang genutzt werden. Für die technisch-fachlichen Aufgaben kann auf die Erfahrungen der Wirtschaft und des Bundesministeriums für Post und Telekommunikation zurückgegriffen werden.

*7. Transparenz*

Vertrauen des Marktes in die Kompetenz der neuen Behörde verlangt ein besonderes Maß an Transparenz der behördlichen Verfahrenspraxis. Zur Erhöhung der Transparenz der Rechtssetzungs- und Einzelentscheidungsverfahren sollten die betroffenen Marktteilnehmer umfassend mit ihren Stellungnahmen gehört werden.

*8. Rechtssicherheit*

Die Kriterien der künftigen Regulierungstätigkeit müssen jetzt konkretisiert werden. Bis sich eine erkennbare Entscheidungspraxis der Behörde herausgebildet hat, müssen klare, verbindliche Entscheidungsleitlinien Rechtssicherheit herstellen.

*9. Sicherung sachgerechter Entscheidungen durch gerichtliche Kontrolle*

Wettbewerbern sind umfassend Möglichkeiten zur gerichtlichen Überprüfung der Entscheidungen der Regulierungsbehörde einzuräumen, um ein höheres Maß an Sachgerechtigkeit und Freiheit von politischen Einflüssen zu gewährleisten.

*10. Rasche Überwindung der Übergangsphase*

Die neue Regulierungsbehörde muß zügig aufgebaut werden, damit sie spätestens am 1. Januar 1998 arbeitsfähig ist. Entscheidungen des übergangsweise noch zuständigen Bundesministeriums für Post und Telekommunikation sollten in transparenten und unparteiischen Verfahren getroffen und der Kompetenzbefristung entsprechend in ihrer zeitlichen Wirksamkeit begrenzt werden, damit sie später nötigenfalls revidiert werden können.

Konkrete Vorschläge für Organisation, kompetentes Personal und Entscheidungsleitlinien der neuen Behörde sind von den Experten der *Ad hoc-Kommission* vorzulegen. Diese Vorschläge sollten sich strikt an den Leitprinzipien Marktöffnung, Unabhängigkeit und Transparenz orientieren.

## Autoren und Mitarbeiter

Das vorliegende Weißbuch wurde im Herbst 1996 von einer Expertengruppe der internationalen Anwaltssozietät Wilmer, Cutler & Pickering, Berlin, Brüssel, London und Washington erstellt. Wilmer, Cutler & Pickering verfügt über umfassende Erfahrungen auf dem Gebiet des Telekommunikations- und Wirtschaftsrechts in Europa und den USA.

Leitung und Koordination des Projekts lagen bei *Dieter G. Lange* und *Paul A. von Hehn*, Partner von Wilmer, Cutler & Pickering.

An dem Weißbuch haben mitgearbeitet: *Dr. Natalie Lübben*, WCP Berlin, *Eckhard Bremer*, Max-Planck-Institut für Ausländisches und Internationales Privatrecht, Hamburg, *W. Scott Blackmer, John H. Harwood, Dr. Matthias Bock* und *Niamh McCarthy*, WCP Washington, *Christian Duvernoy*, WCP Brüssel, *Dirk Hoffmann-Becking* und *Dr. Henning Moelle*, WCP London.

Die Gruppe wurde beraten und unterstützt von *Professor Dr. Dr. h.c. Ulrich Immenga*, Abteilung für Internationales und Ausländisches Wirtschaftsrecht der Universität Göttingen, ehemaliger Vorsitzender der Monopolkommission der Bundesrepublik Deutschland.